स्मार्ट टीन की स्मार्ट मनी गाइड

बचत, निवेश और जीवन योजना की सम्पूर्ण जानकारी

वंदना वर्मा

डायमंड बुक्स
www.diamondbooks.in

प्रकाशक : डायमंड पॉकेट बुक्स प्रा.लि.
X-30, ओखला इंडस्ट्रियल एरिया, फेज-2
नई दिल्ली-110020
फोन : 011-40712200
ई-मेल : wecare@diamondbooks.in
वेबसाइट : www.diamondbooks.in
संस्करण : 2025

प्रस्तावना

पैसा सिर्फ़ संख्याओं के बारे में नहीं है—यह स्मार्ट निर्णय लेने के बारे में है जो आपके भविष्य को आकार देता है। आज की दुनिया में, किशोरों को पहले से कहीं अधिक पैसे का सामना करना पड़ता है, चाहे वह पॉकेट मनी, पार्ट-टाइम काम, डिजिटल वॉलेट या सोशल मीडिया के माध्यम से हो। फिर भी, वित्तीय साक्षरता को अक्सर कक्षाओं और घरों में नज़रअंदाज़ कर दिया जाता है।
यह किताब इसी को बदलने के लिए लिखी गई थी। "स्मार्ट टीन की स्मार्ट मनी गाइड" विशेष रूप से भारतीय किशोरों के लिए डिज़ाइन की गई है, जो राष्ट्रीय शिक्षा नीति (NEP) 2020, NCF 2023 और CBSE कौशल विकास लक्ष्यों के अनुरूप है। यह आपको वास्तविक दुनिया के उपकरण, संबंधित कहानियाँ और व्यवहारिक गतिविधियाँ प्रदान करती है जो आपको अपने पैसे को समझदारी से समझने, प्रबंधित करने और बढ़ाने में मदद करेंगी।

बजट बनाने और बचत करने से लेकर निवेश और उद्यमिता तक, यह मार्गदर्शिका वित्तीय आत्मविश्वास और स्वतंत्रता की दिशा में आपका पहला कदम है।

- वंदना वर्मा

विषय-सूची

अध्याय 1

किशोरों के लिए वित्तीय साक्षरता

क्यों मायने रखती है

रिया से मिलिए। वह 15 साल की है और ₹6,000 की नई साइकिल ख़रीदने का सपना देखती है। हर महीने वह अपने जेब खर्च में से ₹200 बचाती है। लेकिन त्यौहार का मौसम क़रीब होने के कारण उसकी बचत कम होती जा रही है। एक दिन उसकी सहेली उसे पैसे उधार लेने का सुझाव देती है, जबकि उसका बड़ा भाई उसे इसके बजाय निवेश करने की सलाह देता है।

रिया भ्रमित है—क्या उसे उधार लेना चाहिए, और अधिक बचत करनी चाहिए, या निवेश करने की कोशिश करनी चाहिए? यह ठीक वही जगह है जहाँ वित्तीय साक्षरता काम आती है। यह सिर्फ़ पैसे के बारे में नहीं है—यह जानने के बारे में है कि स्मार्ट निर्णय कैसे लें, ग़लतियों से कैसे बचें और अपने सपनों के लिए योजना कैसे बनाएं। आप जितनी जल्दी इसके बारे में

सीखेंगे, आपका जीवन उतना ही बेहतर होगा।
खोजें: वित्तीय साक्षरता क्या है? वित्तीय साक्षरता का अर्थ है यह समझना कि पैसा कैसे काम करता है और इसे बुद्धिमानी से कैसे प्रबंधित किया जाए।

इसमें यह जानना शामिल है कि:
- अपने पैसे का बजट कैसे बनाएं
- लक्ष्यों के लिए बचत कैसे करें
- स्मार्ट तरीके से खर्च कैसे करें
- बैंकिंग उपकरणों का उपयोग कैसे करें
- क्रेडिट और कर्ज़ को समझें
- निवेश करना शुरू करें
- अपने भविष्य के लिए योजना बनाएं

संक्षेप में, यह सीखना है कि पैसे को अपने लिए कैसे काम पर लगाया जाए, न कि इसके विपरीत।

किशोरों को इसकी अभी क्यों आवश्यकता है पहले, किशोर ज़्यादातर नकदी और गुल्लक से निपटते थे।
लेकिन आज, आप डिजिटल वॉलेट, UPI ऐप्स, शॉपिंग वेबसाइटों, सोशल मीडिया विज्ञापनों और तत्काल ख़रीद से घिरे हुए हैं।

आपको शायद जेब खर्च, उपहार मिलते हैं, या ट्यूशन, सामग्री बनाने या इंटर्नशिप से भी कमाते हैं। वित्तीय साक्षरता के बिना, **आप शायद:**
- हर चीज़ को आवेगपूर्ण तरीके से खर्च करें
- साथियों के दबाव में ख़रीदारी करें
- बचत को तब तक अनदेखा करें जब तक बहुत देर न हो जाए
- जल्दी कर्ज़ में डूब जाएं (क्रेडिट ट्रैप, BNPL योजनाएं)
- कॉलेज, वाहन या अपनी पहली नौकरी जैसे भविष्य के लक्ष्यों के साथ संघर्ष करें

किशोरों की पैसे से संबन्धित ग़लतियों के वास्तविक जीवन के उदाहरण

• तान्या, 16, , ने अपनी से संबन्धित ग़लतियों की उपहार-राशि एक ब्रांडेड हुडी पर खर्च कर दी जो सिर्फ़ एक सप्ताह के लिए ट्रेंड में थी। अब उसे लैपटॉप अपग्रेड के लिए बचत न करने का पछतावा है।
• अंकुर, 17, ने वायरलेस ईयरबड्स के लिए "अभी खरीदें बाद में भुगतान करें" ऑफ़र का उपयोग किया, यह महसूस किए बिना कि इसमें ब्याज जुड़ गया है। अब वह मूल कीमत से दोगुना भुगतान कर रहा है।
• महक, 15, ने एक साल में ₹10,000 बचाए और बिना शोध के एक जोखिम भरे क्रिप्टो एप में निवेश कर दिया। एप बंद हो गया, और उसने सब कुछ खो दिया।
ये वास्तविक कहानियाँ हैं जो हर दिन होती हैं। लेकिन सही कौशल के साथ, आप उनसे बच सकते हैं।

पैसे से जुड़े सामान्य मिथक जो किशोर मानते हैं

मिथक	सत्य
"मैं पैसे की परवाह करने के लिए बहुत छोटा हूँ।"	आप पहले से ही कमा रहे हैं और खर्च कर रहे हैं—यह सीखने का समय है।
"मुझे बजट बनाने की ज़रूरत नहीं है जब तक मेरी सैलरी न हो।"	बजट किसी भी राशि के लिए काम करता है—₹100 या ₹10,000।
"बचत उबाऊ और धीमी है।"	बचत वही है जो आपको सबसे महत्वपूर्ण चीज़ खरीदने की शक्ति देती है।
"केवल अमीर लोगों को निवेश करने की ज़रूरत है।"	कोई भी निवेश करना शुरू कर सकता है—कई प्लेटफॉर्म ₹100 से शुरू होते हैं।

इसे आज़माएँ

आपकी पैसे की कहानी एक नोटबुक या अपना फ़ोन लें और उत्तर दें:
• आपको पहली बार अपना पैसा कब मिला था?
• आपने उसके साथ क्या किया?
• क्या यह एक अच्छा निर्णय था? क्या आप आज इसे अलग तरीके से करेंगे?
• क्या आप ट्रैक करते हैं कि आप साप्ताहिक या मासिक कितना खर्च करते हैं?
• आपने आख़िरी चीज़ क्या ख़रीदी जिसका आपको पछतावा है?

चिंतन से जागरूकता बढ़ती है। एक बार जब आप अपनी आदतों को जान जाते हैं, तो आप उनमें सुधार कर सकते हैं।

वित्तीय विकल्प आपके जीवन को कैसे आकार देते हैं आपको अभी इसका एहसास नहीं हो सकता है, लेकिन जिस तरह से आप आज पैसे को संभालते हैं वह प्रभावित करेगा:
• आपकी कॉलेज की पसंद और क्या आप उन्हें वहन कर सकते हैं
• गैजेट्स, बाइक या यहां तक कि एक व्यवसाय शुरू करने की आपकी क्षमता
• आपका मानसिक स्वास्थ्य (पैसे का तनाव वास्तविक है)
• एक वयस्क के रूप में आपकी स्वतंत्रता

पेशेवरों से सीखें

यहां तक कि मशहूर हस्तियों और सफल उद्यमियों ने भी कम उम्र में सीखना शुरू कर दिया।
• वॉरेन बफेट, दुनिया के सबसे धनी निवेशकों में से एक, ने 11 साल की उम्र में अपने पहले शेयर खरीदे।

• किरण मजूमदार-शॉ, भारत की बायोटेक अग्रणी, बायोकॉन बनाने के लिए अपनी पहली नौकरी से अपनी कमाई का प्रबंधन करने के बारे में बात करती हैं।

• YouTube पर कई किशोर निर्माता और कोडर एक महीने में ₹5,000-₹20,000 कमाते हैं—कुछ निवेश करते हैं, अन्य इसे बर्बाद करते हैं। अंतर? वित्तीय साक्षरता।

सोचें और चिंतन करें

अपने आप से ईमानदारी से पूछें:

• "वित्तीय स्वतंत्रता" मेरे लिए क्या मायने रखती है?
• क्या मैं हमेशा अपने माता-पिता पर निर्भर रहना चाहता हूँ?
• मैं 25 साल की उम्र में किस तरह का जीवन चाहता हूँ? 35?
• स्मार्ट पैसे के विकल्प मुझे वहां कैसे पहुंचा सकते हैं?

अपने उत्तर लिखें और हर 3-6 महीने में उन पर फिर से विचार करें।

आइए दोहराएं – मुख्य बातें

• वित्तीय साक्षरता पैसे को बुद्धिमानी से प्रबंधित करने के बारे में है—कमाई, खर्च, बचत और निवेश।
• आप एक किशोर के रूप में पहले से ही पैसे से निपट रहे हैं, इसलिए यह सीखने का सही समय है।
• अज्ञानता क़र्ज़, आवेगपूर्ण खर्च या असफल लक्ष्यों जैसी ग़लतियों की ओर ले जाती है।
• अभी अच्छी आदतें बनाना आपके भविष्य के लिए एक मज़बूत नींव बनाता है।

ख़ुद को जांचें – मिनी क्विज़

1. वित्तीय साक्षरता क्या है?

a) अमीर कैसे बनें यह सीखना

b) पैसे को समझदारी से समझना और प्रबंधित करना

c) बिना सोचे-समझे खर्च करना

d) केवल क्रिप्टो में निवेश करना

सही उत्तर: b

2. यदि आप बिना योजना के आवेगपूर्ण तरीके से खर्च करते हैं तो क्या होता है?

a) आप प्रसिद्ध हो जाते हैं

b) आप अधिक बचत करते हैं

c) आपके पैसे ख़त्म होने का जोखिम होता है और ख़रीद का पछतावा होता है

d) आप तेजी से अमीर हो जाते हैं

सही उत्तर: c

3. सही या ग़लत: "मैं वयस्क होने तक वित्त की परवाह करने का इंतज़ार कर सकता हूँ।"

सही उत्तर: ग़लत

किताब से परे – और खोजें ऐप्स:

- **वॉलनट** – खर्च ट्रैक करें
- **मनी मैनेजर** – आसानी से बजट बनाएं
- **फैम्ज़ू** – किशोरों के लिए पारिवारिक बजट

वीडियो:

- "मनी स्किल्स फॉर टीन्स" – खान एकेडमी

• "हाउ टू बिल्ड वेल्थ इन योर टीन्स" – सीए रचना रनाडे

किताबें:
• "आई वांट मोर पिज्जा" – किशोरों के लिए एक मज़ेदार मार्गदर्शिका
• "द टीन मनी मैनुअल" – स्मार्ट टिप्स और संबंधित कहानियाँ

वेबसाइटें:
• mymoney.gov
• younginvestor.gov

किशोरों की आवाज़ें शिवानी, 15 (दिल्ली):

"मैं अपना पैसा खाने और बेतरतीब चीज़ों पर खर्च करती थी। अब मैं गिटार के लिए बचत करती हूँ। बचाए गए हर ₹100 मुझे अपने सपने के एक क़दम क़रीब लगते हैं।"

आरुष, 16 (पुणे): "मैंने यह देखने के लिए एक बजट ऐप का उपयोग करना शुरू कर दिया कि मेरा पैसा कहाँ जाता है। पता चला कि मैं स्नैक्स पर ₹800/महीना खर्च कर रहा था! मैंने उसे आधा कर दिया और बचत करना शुरू कर दिया।"

अंतिम शब्द

वित्तीय साक्षरता कोई उबाऊ वयस्क विषय नहीं है। यह आपकी महाशक्ति है।

यह आपको इसमें मदद करती है:
• अधिक स्मार्ट दैनिक निर्णय लें।
• उन चीज़ों के लिए "हाँ" कहें जो मायने रखती हैं।

- पैसे के तनाव से बचें।
- आत्मविश्वास और स्वतंत्रता का जीवन बनाएं।

छोटे से शुरू करें। साप्ताहिक सीखें। प्रश्न पूछें। उद्देश्य के साथ बचत करें। आपको परिपूर्ण होने की आवश्यकता नहीं है—बस जागरूक, ईमानदार और सुधार करने को तैयार रहें। क्योंकि सबसे स्मार्ट किशोर वह नहीं है जिसके पास सबसे फैंसी फोन है—सही मायने में स्मार्ट वह है जो जानता है कि एक बेहतर जीवन बनाने के लिए पैसे का उपयोग कैसे करें।

अध्याय 2

पैसे को समझना

कमाना, खर्च करना, बचत करना

आर्यन 16 साल का है। उसे हर महीने ₹1,200 जेब खर्च के रूप में मिलते हैं। वह कभी-कभी अपने पड़ोसी के बच्चे को ट्यूशन पढ़ाकर अतिरिक्त कमाई करता है। लेकिन हर महीने के अंत में, उसके पास शायद ही कुछ बचता है। जब उससे पूछा जाता है कि पैसा कहाँ गया, तो वह कंधे उचकाकर कहता है, "मुझे सच में नहीं पता।" सुना-सुना सा लगता है? आर्यन जैसे कई किशोर कमा रहे हैं और खर्च कर रहे हैं, लेकिन बहुत कम लोग वास्तव में ट्रैक कर रहे हैं, योजना बना रहे हैं या बचत कर रहे हैं। यह अध्याय आपका पहला गहन गोता है कि पैसा कैसे बहता है—और इसे कैसे अपने नियंत्रण में लिया जाए।

खोजें: पैसा क्या है और यह कहाँ से आता है?

पैसा सिर्फ़ नोट और सिक्के नहीं हैं—यह एक उपकरण है जो हमें चीज़ें

खरीदने, सेवाओं के लिए भुगतान करने और मूल्य का आदान-प्रदान करने की अनुमति देता है।

किशोर पैसे कैसे कमाते हैं?

भले ही आप नौकरी पर न हों, फिर भी आप कई तरह से कमाई कर सकते हैं:

- माता-पिता से भत्ता
- उपहार (त्यौहार, जन्मदिन)
- पार्ट-टाइम नौकरियां (ट्यूशन, बच्चों की देखभाल, फ्रीलांसिंग)
- घर के काम के लिए जेब खर्च
- ऑनलाइन सामग्री बनाना (YouTube, कला, ई-बुक्स)
- पुरस्कार राशि या छात्रवृत्ति

कमाई ज़िम्मेदारी सिखाती है। जब आप अपने पैसे के लिए काम करते हैं, तो आप उसका सम्मान करने की अधिक संभावना रखते हैं।

किशोर पैसे किस पर खर्च करते हैं?

आपके खर्चों में शामिल हो सकते हैं:

- स्नैक्स और फ़ूड डिलीवरी
- ऑनलाइन शॉपिंग
- मोबाइल डेटा पैक या सब्सक्रिप्शन (Spotify, Netflix, आदि)
- कपड़े, एक्सेसरीज़
- दोस्तों या परिवार के लिए उपहार
- गेम्स, डिजिटल सामग्री

ये "ख़राब" खर्चे नहीं हैं—लेकिन बिना सोचे-समझे खर्च करने से समस्याएं पैदा हो सकती हैं जैसे:

- पैसा जल्दी ख़त्म हो जाना
- बाद में किसी महत्वपूर्ण चीज़ के लिए पर्याप्त न होना
- अनावश्यक रूप से उधार लेना

चक्र: कमाओ → खर्च करो → बचाओ... या पहले बचाओ?
ज़्यादातर लोग इस पैटर्न का पालन करते हैं: कमाओ → खर्च करो → बचाओ (यदि कुछ बचा है) लेकिन स्मार्ट किशोर इसे पलट देते हैं: कमाओ→ पहले बचाओ → जो बचा है उसे खर्च करो इस विचार को "पहले ख़ुद को भुगतान करें" कहा जाता है—हम इसे बजट बनाने में फिर से देखेंगे।

जरूरतों बनाम इच्छाओं को समझना यह एक महाशक्ति कौशल है।

ज़रूरतें (होनी ही चाहिए)	इच्छाएँ (होना अच्छा है)
बस पास	उबर राइड
स्कूल यूनिफॉर्म	ब्रांडेड टी-शर्ट
नोटबुक, पेन	फैंसी स्टेशनरी
स्वस्थ दोपहर का भोजन	जंक फूड

जब भी आप खर्च करें, पूछें: "क्या मुझे इसकी ज़रूरत है या सिर्फ चाहता हूँ?" स्मार्ट खर्च करने का मतलब मस्ती नहीं करना नहीं है—इसका मतलब जागरूकता के साथ खर्च करना है।

बचत क्या है? बचत भविष्य के लिए पैसे को अलग रखने का कार्य है, बजाय इसके कि इसे तुरंत खर्च किया जाए। किशोरों को बचत क्यों करनी चाहिए?
- कुछ बड़ा ख़रीदने के लिए (एक फोन, एक लैपटॉप, एक साइकिल)
- कॉलेज या कोचिंग कक्षाओं के लिए
- आपात स्थितियों के लिए
- उपहार या यात्रा के लिए
- स्वतंत्र और ज़िम्मेदार महसूस करने के लिए

हर हफ्ते ₹50-₹100 भी बचाए गए पैसे समय के साथ जुड़ते जाते हैं!

बचत कैसे शुरू करें?

• एक छोटा लक्ष्य निर्धारित करें (उदाहरण के लिए, "2 महीने में ₹1,000 बचाएं")
• तय करें कि साप्ताहिक या मासिक कितना बचाना है
• अपनी प्रगति को ट्रैक करें (एप्स या एक नोटबुक का उपयोग करें)
• बचत को एक अलग जगह पर रखें (गुल्लक, दूसरा वॉलेट, बचत खाता)
• जब तक आवश्यक न हो, उसमें से पैसे निकालने से बचें

चक्रवृद्धि ब्याज का जादू मान लीजिए आप हर महीने ₹500 बचाते हैं। एक साल में: ₹500 × 12 = ₹6,000 अब, यदि वह राशि ब्याज कमाने वाले बचत या निवेश खाते में डाली जाती है, तो पैसा आपके कुछ भी किए बिना बढ़ता है।

इसे **चक्रवृद्धि ब्याज** कहा जाता है—आपके ब्याज पर ब्याज कमाना।
उदाहरण: ₹10,000 7% वार्षिक पर निवेश किया गया =
• वर्ष 1 में ₹700 ब्याज
• वर्ष 2 में ₹749 ब्याज (₹10,700 पर)
• वर्ष 3 में ₹801 (₹11,449 पर)

आप जितनी जल्दी बचत करना शुरू करेंगे, आपके पैसे के बढ़ने के लिए उतना ही अधिक समय होगा।

इसे आज़माएँ

मनी ट्रैकर चैलेंज अगले 7 दिनों के लिए, आप हर रुपया ट्रैक करें जो आप:
• कमाते हैं
• खर्च करते हैं
• बचाते हैं

किसी भी विधि का उपयोग करें:

- एक नोटबुक
- एक गूगल शीट
- एक मोबाइल ऐप (जैसे Walnut या Money Manager)

7 दिनों के अंत में, उत्तर दें:

- मैंने कितना खर्च किया?
- किस श्रेणी ने मेरे पैसे का सबसे ज्यादा हिस्सा खाया?
- मैंने कितना बचाया?
- अगले हफ्ते मैं क्या कम कर सकता हूँ?

सोचें और चिंतन करें

- अगर मैंने पिछले महीने जंक फूड पर खर्च किए गए हर ₹20 को बचाया होता, तो मेरे पास कितना होता?
- इस हफ्ते मैं अपने लक्ष्य तक पहुंचने के लिए कौन सी एक "इच्छा" छोड़ सकता हूँ?
- अपने बचाए हुए पैसे से अपनी पसंद की कोई चीज़ ख़रीदना कैसा महसूस होगा?

आइए दोहराएं – मुख्य बातें

- किशोर कई स्रोतों से पैसे कमाते हैं—केवल नौकरियों से नहीं
- खर्च करना बुरा नहीं है, लेकिन बिना सोचे-समझे खर्च करना आपके लक्ष्यों को नुकसान पहुंचाता है
- हमेशा पूछें: क्या यह **ज़रूरत** है या **इच्छा** है?
- बचत आपको स्वतंत्रता, सुरक्षा और संतुष्टि देती है
- जल्दी शुरू करें और **चक्रवृद्धि ब्याज** को अपने पैसे को बढ़ने दें

ख़ुद को जांचें – मिनी क्विज

1. पैसे का प्रबंधन करने का सबसे स्मार्ट क्रम क्या है?

a) कमाओ → खर्च करो → बचाओ
b) कमाओ → बचाओ → खर्च करो
c) कमाओ → उधार लो → खर्च करो
d) कमाओ → खर्च करो → उधार दो

सही उत्तर: b

2. इनमें से कौन सी जरूरत है, इच्छा नहीं?

a) लिमिटेड-एडिशन स्नीकर्स
b) स्कूल की किताबें
c) जन्मदिन पार्टी की सजावट
d) गेमिंग के लिए हेडफोन

सही उत्तर: b

3. **सही या ग़लत:**

हर महीने सिर्फ ₹100 बचाने से कोई फ़र्क नहीं पड़ता।

सही उत्तर: ग़लत (छोटी मात्राएं बड़ी आदतें बनाती हैं!)

किताब से परे – और खोजें आजमाने के लिए ऐप्स:

- **वॉलनट** – खर्च ट्रैकिंग
- **मनी लवर** – दृश्यों के साथ बजट बनाना
- **स्प्लिटवाइज़** – दोस्तों के साथ साझा खर्चों का प्रबंधन करने के लिए

देखें:

- "हाउ टीन्स कैन बिल्ड सेविंग हैबिट्स" – खान एकेडमी
- "व्हाई कंपाउंड इंटरेस्ट इज़ मैजिक" – यूट्यूब शॉर्ट्स

पढ़ें:

- "द बेयरफुट इन्वेस्टर (टीन एडिशन)"
- "मनी मैटर्स: ए टीन गाइड"

आज़माएं: एक दोस्त के साथ मासिक बचत चुनौती शुरू करें—जो कोई भी अधिक बचत करता है उसे इनाम मिलता है!

वास्तविक किशोरों की आवाज़ें रिया, 14 (अहमदाबाद):

"मैंने स्मार्टवॉच के लिए हर हफ्ते ₹100 बचाना शुरू कर दिया। अब, मैं आधे रास्ते पर हूँ और मुझे गर्व है कि मैंने इसके लिए अपने माता-पिता से नहीं पूछा।" युवराज, **17 (गुवाहाटी):** "मेरे चचेरे भाई ने मुझे चक्रवृद्धि ब्याज के बारे में बताया। मैंने अपने जन्मदिन के पैसे से एक छोटा सा FD खोला। इसे बढ़ते हुए देखना अच्छा लगता है।"

अंतिम शब्द

यह समझना कि आप कैसे कमाते हैं, खर्च करते हैं और बचत करते हैं, यही वित्तीय सफलता की नींव है। आपको पैसे का प्रबंधन शुरू करने के लिए नौकरी या वेतन की आवश्यकता नहीं है। आपको बस जागरूक रहने, अपने कार्यों को ट्रैक करने और लक्ष्य निर्धारित करने की आवश्यकता है। आज बचाया गया हर रुपया आपको कल अपने सपने के एक क़दम करीब लाता है। अब जब आप जानते हैं कि पैसा कैसे काम करता है—क्या आप अपना पहला बजट बनाने के लिए तैयार हैं?

अध्याय 3

बजट बनाना

आपकी पहली धन योजना

मेहन से मिलो। वह ट्यूशन से हर महीने ₹800 कमाती है और उसे जेब खर्च के रूप में ₹500 मिलते हैं। फिर भी, हर महीने की 20 तारीख तक, उसका बटुआ खाली हो जाता है। जब उससे पूछा जाता है कि उसका पैसा कहाँ गया, तो वह कहती है, "मुझे लगता है कि मैंने थोड़ा इधर-उधर खर्च कर दिया... मुझे यकीन नहीं है।"

सुना-सुना सा लगता है? अधिकांश किशोर अपने खर्चों को ट्रैक नहीं करते हैं। लेकिन जब आप बजट बनाना सीखते हैं, तो यह आपके पैसे को एक नक्शे पर रखने जैसा होता है—आपको पता होता है कि यह कहाँ से आ रहा है, कहाँ जा रहा है, और अपने लक्ष्यों तक कैसे पहुँचना है।

खोजें: बजट क्या है और आपको इसकी आवश्यकता क्यों है?

बजट बस आपके पैसे के लिए एक योजना है। यह आपको तय करने में मदद करता है:

• आप कितना बचाएंगे
• आप किस पर खर्च करेंगे
• आपको कहाँ कटौती करने की आवश्यकता है
यह प्रतिबंध के बारे में नहीं है—यह दिशा के बारे में है। कल्पना कीजिए कि आप बिना जीपीएस के सड़क यात्रा पर जा रहे हैं।
आप शायद अंततः अपने गंतव्य तक पहुँच जाएँगे, लेकिन आप शायद समय, पैसा और ऊर्जा बर्बाद कर देंगे। एक बजट आपका वित्तीय जीपीएस है।

हर किशोर को बजट की आवश्यकता क्यों है

• आप पहले से ही पैसे का प्रबंधन कर रहे हैं (भत्ता, कमाई, उपहार)
• आपको दैनिक विकल्पों का सामना करना पड़ता है (स्टारबक्स या बचत?)
• आपके पास बचत लक्ष्य हो सकते हैं (नया फोन, लैपटॉप, यात्रा)
• आपको जल्द ही बड़े वित्तीय निर्णयों का सामना करना पड़ेगा (कॉलेज, परिवहन, रहने का खर्च)
बजट बनाना आपको जरूरतों और इच्छाओं को संतुलित करना, अनावश्यक उधार से बचना और अपने वित्तीय जीवन पर नियंत्रण महसूस करना सिखाता है।

मुख्य बजटीय शर्तें जो आपको जाननी चाहिए

शर्त	अर्थ
आय	आपको मिलने वाला पैसा (भत्ता, पार्ट-टाइम काम, उपहार)
खर्चे	आप जो पैसा खर्च करते हैं (भोजन, सब्सक्रिप्शन, स्टेशनरी, मनोरंजन)
निश्चित लागत	नियमित लागतें जो ज्यादा नहीं बदलतीं (स्कूल फीस, बस पास)

परिवर्तनीय लागत	ऐसे खर्चे जो महीने-दर-महीने बदलते रहते हैं (बाहर खाना, उपहार, खरीदारी)
बचत	वह पैसा जो आप कुछ और खर्च करने से पहले अलग रखते हैं
अधिशेष	सभी खर्चों को पूरा करने के बाद बचा हुआ पैसा
घाटा	जब आपके खर्चे आपकी आय से अधिक हों (आदर्श नहीं!)

शुरुआती लोगों के लिए लोकप्रिय बजटीय तरीके 1. 50-30-20 नियम कर- यह समझना कि आप कैसे कमाते हैं, खर्च करते हैं और बचत करते हैं, यही वित्तीय सफलता की नींव है। आपको पैसे का प्रबंधन शुरू करने के लिए नौकरी या वेतन की आवश्यकता नहीं है।

आपको बस जागरूक रहने, अपने कार्यों को ट्रैक करने और लक्ष्य निर्धारित करने की आवश्यकता है। आज बचाया गया हर रुपया आपको कल अपने सपने के एक क़दम करीब लाता है। अब जब आप जानते हैं कि पैसा कैसे काम करता है—
क्या आप अपना पहला बजट बनाने के लिए तैयार हैं?
को इस प्रकार विभाजित करें:

- **50% आवश्यकताएं** (भोजन, स्कूल, परिवहन)
- **30% इच्छाएं** (बाहर खाना, कपड़े, मनोरंजन)
- **20% बचत**

यदि आप महीने में ₹1,500 कमाते हैं:

- ₹750 = आवश्यकताएं
- ₹450 = इच्छाएं
- ₹300 = बचत

2. पहले ख़ुद को भुगतान करें जैसे ही आपको पैसा मिले:
• पहले एक निश्चित राशि बचाएं (उदाहरण के लिए, ₹200/माह)
• फिर शेष खर्च करने की योजना बनाएं
यह विधि मजबूत बचत आदतें बनाती है।

3. लिफाफा विधि पुराना तरीका, फिर भी शक्तिशाली:
• लिफाफों पर लेबल लगाएं (भोजन, यात्रा, खरीदारी, बचत)
• तदनुसार नकद आवंटित करें
• प्रत्येक लिफाफे में जो है वही खर्च करें
आप इसे डिजिटल रूप से भी कर सकते हैं—गुडबजट या वॉलनट जैसे बजटिंग ऐप्स के साथ।

इसे आज़माएँ

अपना पहला बजट बनाएं एक नोटबुक या स्प्रेडशीट लें और यह करें:
चरण 1: अपनी कुल आय लिखें। उदाहरण:
• जेब खर्च = ₹500
• पार्ट-टाइम ट्यूशन = ₹1,000
• **कुल = ₹1,500**

चरण 2: अपने मासिक खर्चों का अनुमान लगाएं।

श्रेणी	मद	राशि
आवश्यकताएं	बस का किराया	₹400
	स्कूल लंच	₹300
इच्छाएं	फिल्में	₹200
	स्नैक्स	₹250
बचत	नए फोन का लक्ष्य	₹350

कुल खर्चे = ₹1,500 यदि यह मेल नहीं खाता है? पहले इच्छाओं को समायोजित करें—अपनी बचत को नहीं!

सामान्य बजटीय ग़लतियाँ (और उनसे कैसे बचें)

गलती	समाधान
छोटे दैनिक खर्चों को भूलना	₹10 चाय या चिप्स को भी ट्रैक करें—यह जुड़ता जाता है!
आपात स्थितियों के लिए योजना न बनाना	अपने बजट में एक "अप्रत्याशित" श्रेणी जोड़ें
बचत को पूरी तरह से छोड़ देना	हमेशा कुछ बचाएं, ₹100 भी
अधिक खर्च करने के लिए उधार लेना	अपने बजट पर टिके रहें—जो पैसा आपके पास नहीं है उसे खर्च न करें

सोचें और चिंतन करें

- मैं हमेशा किस चीज़ पर अधिक खर्च करता हूँ?
- क्या मुझे कभी बिना सोचे-समझे खर्च करने के बाद पछतावा हुआ है?
- अगर मैंने अगले 30 दिनों के लिए बजट बनाया तो क्या होगा?
- अगर मैंने एक हफ्ते में एक जंक फूड आइटम कम कर दिया तो मैं 3

महीने में कितना बचा पाऊंगा?

अपने उत्तर एक पत्रिका या फोन नोट में लिखें। मासिक रूप से इसकी समीक्षा करें।

आइए दोहराएं – मुख्य बातें

- **बजट** आपके पैसे के लिए एक योजना है—इसे उद्देश्य और दिशा देना
- **बजट** सीमाओं के बारे में नहीं है—यह विकल्पों और प्राथमिकताओं के बारे में है
- व्यवस्थित रहने के लिए **50-30-20 नियम** या **लिफाफा विधि** जैसे उपकरणों का उपयोग करें
- हमेशा **पहले बचत करें**—यह वित्तीय स्वतंत्रता का आपका टिकट है
- **बजट** अनुशासन, आत्म-नियंत्रण और मन की शांति बनाता है

खुद को जांचें – मिनी क्विज

1. 50-30-20 नियम क्या है?

a) 50% इच्छाओं पर खर्च करें, 30% बचत पर, 20% जरूरतों पर

b) 50% बचाओ, 30% खर्च करो, 20% दान करो

c) 50% जरूरतें, 30% इच्छाएं, 20% बचत d) कोई नियम मौजूद नहीं है

सही उत्तर: c

2. कौन सी बजटीय विधि में पैसे को श्रेणियों में लेबल करना शामिल है?

a) क्रेडिट स्कोर विधि

b) SIP निवेश

c) लिफाफा विधि

d) सावधि जमा योजना

सही उत्तर: c

3. सही या ग़लत:

आपको जो चाहिए उसे खर्च करने के बाद बचत करने की योजना बनानी चाहिए।

सही उत्तर: ग़लत (आपको पहले बचत करनी चाहिए!)

किताब से परे – उपकरण और संसाधन आज़माने के लिए ऐप्स:

- **गुडबजट** – लिफाफा-शैली बजटिंग
- **वॉलनट** – खर्चों को ट्रैक करने के लिए भारतीय ऐप
- **मनी लवर** – बजट और बचत लक्ष्यों को ट्रैक करता है

डाउनलोड करने के लिए टेम्पलेट्स:
- Google शीट्स किशोरों के लिए बजट टेम्पलेट
- प्रिंटेबल मासिक बजट ट्रैकर (अपना ख़ुद का बनाएं)

देखें:
- "हाउ टू क्रिएट ए बजट फॉर बिगिनर्स" – यूट्यूब (खान एकेडमी)
- "बजटिंग टिप्स फॉर स्टूडेंट्स" – सीए रचना रनाडे

पढ़ें:
- केली कीन द्वारा "मनी सेंस फॉर टीन्स"
- "स्मार्ट बजटिंग" – इन्वेस्टोपीडिया से मुफ्त ईबुक

वास्तविक किशोरों की आवाजें ईशान, 15 (हैदराबाद):

"मेरे पास दूसरे हफ्ते तक पैसे ख़त्म हो जाते थे। एक बार जब मैंने बजट बनाना शुरू किया, तो मुझे एहसास हुआ कि मैं डिलीवरी के खाने पर बहुत ज़्यादा खर्च कर रहा था।
अब मैं अपने स्नैक्स की योजना बनाता हूँ और हर महीने ₹300 बचाता हूँ!"
स्नेहा, 17 (चेन्नई): "मेरे बजट ने मुझे 4 महीने में अपने ख़ुद के हेडफोन ख़रीदने में मदद की। मुझे गर्व महसूस हुआ क्योंकि मुझे किसी और से पैसे मांगने की ज़रूरत नहीं थी।"

अंतिम शब्द

बजट बनाना केवल वयस्कों के लिए नहीं है—यह एक जीवन कौशल है जिसकी हर किशोर को आवश्यकता है। जब आप जानते हैं कि आपका पैसा कहाँ जा रहा है, तो आप अपने भविष्य को नियंत्रित करते हैं।

चाहे आपका लक्ष्य एक नया फोन हो, कॉलेज की बचत हो, या सिर्फ अपने पैसे का बेहतर प्रबंधन करना हो, एक बजट आपका सबसे अच्छा दोस्त है। अभी शुरू करें, इसे सरल रखें, और अपने आत्मविश्वास (और बचत!) को बढ़ता हुआ देखें।

अध्याय 4

बैंकिंग की मूल बातें

वित्तीय स्वतंत्रता की दिशा में

आपका पहला कदम

जोया, 16 साल की, को अपने भाई से राखी के उपहार के रूप में ₹2,000 मिलते हैं। उसके पिताजी कहते हैं, "इसे सिर्फ़ अपनी दराज में मत रखो—एक बैंक खाता खोलो!" लेकिन जोया के मन में सवाल हैं: किस तरह का खाता? क्या बैंक उसे नाबालिग के रूप में खाता खोलने की अनुमति देगा? पासबुक या UPI क्या है? क्या कोई उसके पैसे ऑनलाइन चुरा सकता है? यदि आपको कभी यह सुनिश्चित नहीं था कि बैंक कैसे काम करते हैं, तो यह अध्याय आपका उत्तर है। बैंकिंग की मूल बातें समझना स्मार्ट पैसे के प्रबंधन की दुनिया में आपका पहला वास्तविक कदम है।

खोजें: बैंक क्या है और वह क्या करता है? एक बैंक केवल पैसा जमा करने की जगह से कहीं अधिक है—यह वित्तीय विकास में आपका साथी है। यह आपकी मदद करता है:

• अपने पैसे को सुरक्षित रखें
• बचत पर ब्याज अर्जित करें
• एटीएम, ऐप या UPI के माध्यम से कभी भी पैसे तक पहुँचें
• दूसरों को जल्दी और सुरक्षित रूप से भुगतान करें
• अनुशासन और ज़िम्मेदारी सीखें

किशोरों को बैंक का उपयोग क्यों करना चाहिए? भले ही आप अभी भी स्कूल में हों, एक बैंक खाता आपकी मदद करता है:

• अपने खर्चों को ट्रैक करें
• बचत लक्ष्य निर्धारित करें (जैसे, नया फोन, कोचिंग शुल्क)
• जानें कि डिजिटल भुगतान कैसे काम करते हैं
• वित्तीय योजना की आदतें जल्दी बनाएं
• स्वतंत्र और विश्वसनीय महसूस करें

बैंक खातों के प्रकार (और उनका क्या मतलब है)

खाते का प्रकार	उद्देश्य और विशेषताएँ
बचत खाता	पैसे बचाने के लिए; ब्याज कमाता है; एटीएम कार्ड और ऑनलाइन बैंकिंग के साथ आता है
चालू खाता	व्यवसायों द्वारा उपयोग किया जाता है; कोई ब्याज नहीं; उच्च लेनदेन सीमाएँ
सावधि जमा (FD)	निश्चित अवधि के लिए एकमुश्त जमा; बचत खाते से अधिक ब्याज कमाता है
आवर्ती जमा (RD)	चुनी हुई समय सीमा के लिए मासिक निश्चित जमा; बचत अनुशासन को बढ़ावा देता है
नाबालिग खाता	18 वर्ष से कम उम्र के लोगों के लिए विशेष बचत खाता; खोलने के लिए माता-पिता या अभिभावक की आवश्यकता होती है

किशोरों के लिए, एक **नाबालिग बचत खाता** आदर्श है—अधिकांश बैंक कम या शून्य न्यूनतम शेष के साथ शानदार सुविधाओं के साथ इसे प्रदान करते हैं।

एक किशोर के रूप में बैंक खाता खोलने के लिए आपको क्या चाहिए

आपको आमतौर पर आवश्यकता होती है:

- आधार कार्ड (आपका और माता-पिता का)
- पैन कार्ड (या फॉर्म 60 यदि उपलब्ध नहीं है)
- पासपोर्ट आकार की फोटो
- नाबालिगों के लिए अभिभावक के हस्ताक्षर

SBI, HDFC, बैंक ऑफ बड़ौदा और ICICI जैसे बैंक सभी किशोरों के अनुकूल खाते प्रदान करते हैं।

बैंकिंग उपकरण जो आपको जानने चाहिए

उपकरण	यह क्या करता है
एटीएम/डेबिट कार्ड	नकद निकालें, दुकानों में भुगतान करें, शेष राशि की जाँच करें
पासबुक	जमा, निकासी और ब्याज का कागजी रिकॉर्ड
नेटबैंकिंग	अपने बैंक खाते को ऑनलाइन एक्सेस करें
मोबाइल बैंकिंग ऐप	शेष राशि की जाँच करें, पैसे ट्रांसफर करें, बिलों का भुगतान करें
UPI (यूनिफाइड पेमेंट्स इंटरफ़ेस)	फोन ऐप्स के माध्यम से तुरंत पैसे भेजें/प्राप्त करें

किशोरों के लिए लोकप्रिय UPI और बैंकिंग ऐप्स

- **फोनपे, गूगल पे, पेटीएम** – UPI भुगतान और वॉलेट सुविधाएँ
- **यो नो (SBI)** – किशोरों के लिए बचत और निवेश उपकरण
- **एचडीएफसी बैंक किड्स ऐप** – बचत और खर्च के लिए विशेष डैशबोर्ड
- **फैम्प पे** – बैंक खातों के बिना किशोरों के लिए प्रीपेड कार्ड और UPI पहुँच

सुरक्षा के लिए हमेशा एप लॉक और UPI पिन सुरक्षा सक्षम करें।

पहले सुरक्षा – बैंकिंग उपकरणों का बुद्धिमानी से उपयोग कैसे करें

- कभी भी अपना एटीएम पिन, ओटीपी या UPI कोड साझा न करें।
- ऑनलाइन बैंकिंग करते समय सार्वजनिक वाई-फाई से बचें।
- मोबाइल बैंकिंग एप्स के लिए मज़बूत पासवर्ड का उपयोग करें।
- अज्ञात संदेशों या ईमेल में भेजे गए लिंक पर क्लिक न करें।
- अज्ञात शुल्कों के लिए मासिक रूप से खाता विवरण की समीक्षा करें।

इसे आज़माएँ

बैंकिंग रोल प्ले गतिविधि: अपना "नकली" बैंक खाता खोलें एक कागज़ की शीट पर या एक डिजिटल दस्तावेज़ में:

- अपने बैंक का नाम
- अपनी शुरुआती जमा राशि (उदाहरण के लिए, जेब खर्च से ₹1,000)
- 3 नकली लेनदेन बनाएं: जमा, खर्च, बचत
- प्रत्येक के बाद अपनी शेष राशि को ट्रैक करें

यह आपको यह कल्पना करने में मदद करता है कि वास्तविक जीवन में बैंकिंग कैसे काम करती है।

सोचें और चिंतन करें

• मुझे जो पैसा मिलता है उसका मैं वर्तमान में क्या करता हूँ?
• क्या मैं इसे बचाने और बढ़ाने के लिए बैंक का उपयोग कर रहा हूँ?
• मैं सुरक्षा और अनुशासन के साथ अपनी डिजिटल बैंकिंग यात्रा कैसे शुरू कर सकता हूँ?

आइए दोहराएं – मुख्य बातें

• एक **बैंक खाता** आपकी वित्तीय नींव है
• किशोर माता-पिता की मदद से **नाबालिग बचत खाते** खोल सकते हैं
• बैंकिंग उपकरणों में एटीएम कार्ड, नेटबैंकिंग, मोबाइल ऐप और UPI शामिल हैं
• फोनपे, फैम्प पे और यो नो जैसे ऐप किशोरों को डिजिटल रूप से पैसे का प्रबंधन करने में मदद करते हैं
• धोखाधड़ी या डेटा चोरी से बचने के लिए हमेशा **साइबर सुरक्षा नियमों** का पालन करें

ख़ुद को जांचें – मिनी क्विज़

1. बचत खाते का मुख्य उद्देश्य क्या है?
a) ऋण लेना
b) EMI का भुगतान करना
c) पैसे को सुरक्षित रूप से बचाना और ब्याज अर्जित करना
d) स्टॉक में निवेश करना
सही उत्तर: c

2. इनमें से कौन सा उपकरण आपको कागज़ी प्रारूप में अपनी बैंक गतिविधि को ट्रैक करने में मदद करता है?

a) एटीएम कार्ड

b) पासबुक

c) डेबिट कार्ड

d) गूगल पे

सही उत्तर: b

3. **सही या ग़लत:** आप एक अभिभावक की मदद से एक किशोर के रूप में बैंक खाता खोल सकते हैं।

सही उत्तर: सही

किताब से परे – उपकरण और संसाधन ऐप्स:

- **यो नो SBI**
- **एचडीएफसी किड्स ऐप**
- **फोनपे** (UPI + वॉलेट)
- **फैम्प पे** (13-18 वर्ष के बच्चों के लिए)

खोजने के लिए वेबसाइटें:

- rbi.org.in – बैंकिंग की मूल बातें जानें
- npci.org.in – UPI और डिजिटल बैंकिंग के बारे में जानें
- bankofbaroda.in – युवाओं के अनुकूल खातों का अन्वेषण करें

देखें:

- "हाउ टू ओपन ए बैंक अकाउंट फॉर स्टूडेंट्स" – यूट्यूब (भारत-विशिष्ट मार्गदर्शिकाएँ)
- "UPI एंड डिजिटल पेमेंट्स एक्स्प्लेन्ड" – सीए रचना द्वारा सरलीकृत वीडियो

वास्तविक किशोरों की आवाज़ें कृतिका, 15 (मुंबई):

"मैंने पिछले साल अपने पिताजी के साथ अपना खाता खोला था। अब, मैं हर उपहार या भत्ते का एक हिस्सा बचाती हूँ। शेष राशि को बढ़ता हुआ देखना अद्भुत लगता है!"

राहिल, **17 (इंदौर):** "UPI का उपयोग करना सुविधाजनक है, लेकिन एक बार मैंने एक फर्जी कैशबैक लिंक पर क्लिक किया और लगभग पैसे खो दिए। टैप करने से पहले हमेशा दोबारा जांच लें।"

अंतिम शब्द

बैंकिंग वित्तीय स्वतंत्रता की दिशा में आपका पहला वास्तविक कदम है। यह आपको सिखाता है कि कैसे:

- अपने पैसे को सुरक्षित रखें
- इसे स्मार्ट तरीके से एक्सेस करें
- अपनी बचत को ट्रैक करें
- डिजिटल उपकरणों को अपनाएं
- धोखाधड़ी से सुरक्षित रहें

बैंक का उपयोग कैसे करें यह जानने के लिए आपको कॉलेज तक इंतज़ार करने की आवश्यकता नहीं है। अभी शुरू करें। आप जितनी जल्दी शुरू करेंगे, वास्तविक वित्तीय ज़िम्मेदारियां आने पर आप उतना ही अधिक आत्मविश्वास और सशक्त महसूस करेंगे।

अध्याय 5

लक्ष्यों के लिए बचत

सपने से योजना तक

अर्जुन ₹20,000 का एक सेकंड-हैंड DSLR कैमरा खरीदने का सपना देखता है ताकि वह एक YouTube चैनल शुरू कर सके। वह अपनी ट्यूशन आय से हर महीने ₹500 बचाता है लेकिन उसे नहीं पता कि उसके पास कब पर्याप्त पैसे होंगे। कभी-कभी वह उसमें से आधा स्नैक्स या दोस्तों के साथ सप्ताहांत में घूमने पर खर्च कर देता है।

वह सोचता है, "क्या मैं कभी अपना लक्ष्य प्राप्त कर पाऊँगा?" सुना-सुना सा लगता है? हम सभी के सपने होते हैं—बड़े और छोटे। लेकिन सपने, सपने ही रहते हैं जब तक हम उन्हें लक्ष्यों में नहीं बदलते और लगातार बचत करने के लिए कदम नहीं उठाते।
यह अध्याय आपको दिखाता है कि "काश" से "मैंने कर दिखाया!" तक कैसे पहुँचें।

खोजें: लक्ष्यों के लिए बचत क्यों मायने रखती है जब आप किसी विशिष्ट उद्देश्य के लिए बचत करते हैं:

- आप अनावश्यक खर्चों को छोड़ने के लिए प्रेरित रहते हैं।
- आप योजना बनाना और धैर्य रखना सीखते हैं।
- आप वित्तीय अनुशासन बनाते हैं जो जीवन भर रहता है।

यह केवल चीजें खरीदने के बारे में नहीं है। यह उन आदतों का निर्माण करने के बारे में है जो आपको जीवन के लक्ष्यों—कॉलेज, यात्रा, व्यवसाय, या अपने परिवार की मदद करने—को प्राप्त करने में मदद करती हैं।

वित्तीय लक्ष्य क्या है? एक वित्तीय लक्ष्य वह है जिसे आप प्राप्त करना चाहते हैं जिसमें पैसे की आवश्यकता होती है। यह हो सकता है:

- **लघु अवधि:** एक नया फोन, गेम कंसोल, बाइक (0–6 महीने)
- **मध्यम अवधि:** कोचिंग क्लास के लिए ट्यूशन, यात्रा, लैपटॉप (6 महीने–2 साल)
- **दीर्घ अवधि:** कॉलेज की शिक्षा, विदेश में पढ़ाई, स्टार्टअप पूंजी (2+ साल)

सपने से योजना तक – एक लक्ष्य कैसे निर्धारित करें यहां एक 5-चरण की योजना दी गई है जिसका आप उपयोग कर सकते हैं:

- **लक्ष्य को परिभाषित करें:** आप वास्तव में क्या चाहते हैं? स्पष्ट रहें।
    - **उदाहरण:** "₹20,000 का एक DSLR कैमरा खरीदना।"
- **समय-सीमा तय करें:** आप इसे कब तक चाहते हैं?
    - "12 महीनों में।"
- **इसे तोड़ें:** राशि को महीनों से विभाजित करें।
    - ₹20,000 ÷ 12 = ₹1,667 प्रति माह
- **अपनी प्रगति को ट्रैक करें:** हर महीने लॉग करने के लिए एक जर्नल या ऐप का उपयोग करें।
- **उपलब्धियों का जश्न मनाएं:** मासिक बचत हासिल करने के लिए खुद को पुरस्कृत करें।

SMART लक्ष्य ढाँचा सुनिश्चित करें कि आपका लक्ष्य **SMART** है:

मानदंड	इसका क्या मतलब है	उदाहरण
विशिष्ट (Specific)	स्पष्ट और अच्छी तरह से परिभाषित	"DSLR कैमरे के लिए बचत करें"
मापने योग्य (Measurable)	आप प्रगति को ट्रैक कर सकते हैं	"12 महीनों में ₹20,000"
प्राप्य (Achievable)	आपके संसाधनों के भीतर संभव	"पार्ट-टाइम नौकरी से ₹1,667/माह"
यथार्थवादी (Realistic)	बहुत मुश्किल या आसान नहीं	"स्नैक्स में कटौती करें, अधिक बचत करें"
समय-सीमाबद्ध (Time-bound)	एक समय-सीमा है	"अगले जून तक"

किशोरों के लिए लक्ष्य-बचत उपकरण

उपकरण	यह कैसे मदद करता है
गुल्लक/जार	घर पर छोटी बचत के लिए
बैंक खाता	पैसे को सुरक्षित रखता है, ब्याज कमाता है
आवर्ती जमा (RD)	मासिक निश्चित बचत, किशोरों के लिए बढ़िया
मनी जर्नल	आय, खर्च और बचत लिखें
वॉलनट, गुडबजट जैसे ऐप्स	आपके फोन पर विजुअल बजटिंग और बचत

केस स्टडी: प्रिया की लैपटॉप योजना लक्ष्य: ग्राफिक डिजाइन कोर्स के लिए 18 महीनों में ₹40,000 का लैपटॉप खरीदना।

उठाए गए कदम:

- ₹2,000/माह के साथ एक RD खाता शुरू किया।
- फ़ास्ट फूड खरीदना छोड़ दिया; अतिरिक्त ₹500/माह बचाए।
- ₹1,000/माह के लिए फ्रीलांस लोगो का काम किया।
- बचत को visually ट्रैक करने के लिए एक व्हाइटबोर्ड का उपयोग किया।

परिणाम: प्रिया ने 16 महीनों में ₹40,000 हासिल किए और गर्व से लैपटॉप खरीदा।

इसे आज़माएँ

अपना लक्ष्य ट्रैकर डिज़ाइन करें

अपना खुद का बचत चार्ट बनाएं:

- नीचे ₹0 और ऊपर अपने लक्ष्य के साथ एक थर्मामीटर या सीढ़ी बनाएं।
- प्रत्येक ₹500 या ₹1000 एक कदम है।
- जैसे-जैसे आप बचत करते हैं, प्रत्येक कदम को रंग दें।

या गूगल शीट्स/एक्सेल का उपयोग करके एक तालिका बनाएं:

महीना	बचत (₹)	लक्ष्य (₹)	बचत करने के लिए शेष (₹)
जुलाई	1,500	20,000	18,500

सोचें और चिंतन करें

- मैं अगले साल में वास्तव में क्या खरीदना या हासिल करना चाहता हूँ?
- क्या मैं एक समय-सीमा निर्धारित कर सकता हूँ और एक बचत योजना बना सकता हूँ?
- मैं अपने बचत लक्ष्य तक तेजी से पहुँचने के लिए किस चीज में कटौती

कर सकता हूँ?
• अगर मैंने इसे खुद हासिल किया तो मुझे कैसा महसूस होगा?

आइए दोहराएं – मुख्य बातें

• एक **लक्ष्य** आपकी बचत को उद्देश्य और दिशा देता है।
• ध्यान केंद्रित रहने के लिए **SMART लक्ष्य विधि** का उपयोग करें।
• बड़े सपनों को छोटे, **मासिक बचत लक्ष्यों** में तोड़ें।
• ट्रैक पर रहने के लिए **RDs, बजट ऐप्स, लक्ष्य चार्ट** जैसे उपकरणों का उपयोग करें।
• छोटी जीत का जश्न मनाएं और यदि आवश्यक हो तो अपनी योजना को समायोजित करें।

खुद को जांचें – क्विज टाइम

1. SMART लक्ष्यों में "T" का क्या अर्थ है? a) ट्रैकिंग (Tracking) b) समय-सीमाबद्ध (Time-bound) c) कालातीत (Timeless) d) लक्षित (Targeted) **उत्तर:** b) समय-सीमाबद्ध

2. इनमें से कौन सा किशोर के लिए दीर्घकालिक लक्ष्य है? a) अगले सप्ताह एक फोन खरीदना b) 3 साल में कॉलेज के लिए बचत करना c) रविवार को दोस्तों के साथ बाहर जाना d) बाल कटवाना **उत्तर:** b) 3 साल में कॉलेज के लिए बचत करना

3. **सही या गलत:** स्पष्ट लक्ष्य के बिना बचत करना लक्ष्य के साथ बचत करने जितना ही प्रभावी है। **उत्तर:** गलत

किताब से परे – उपकरण और संसाधन लक्ष्यों को ट्रैक करने के लिए ऐप्स:

- **गोल मीटर हैबिट ट्रैकर** (एंड्रॉइड)
- **गुडबजट** – सिंपल एनवेलप बजटिंग
- **मनी लवर** – किशोर-अनुकूल बजटिंग ऐप

वेबसाइटें:

- **www.groww.in** – सरल निवेश योजनाओं का अन्वेषण करें
- **rbi.org.in** – बचत और ब्याज के बारे में जानें
- **moneycontrol.com** – वित्तीय लक्ष्यों और समाचारों को ट्रैक करें

देखने के लिए वीडियो:

- "हाउ आई सेव्ड ₹1 लाख बाय 18" – यूट्यूब कहानी
- "SMART गोल्स फॉर स्टूडेंट्स" – शैक्षिक चैनल

वास्तविक किशोरों की आवाजें वेदांत, 16 (दिल्ली):

"मुझे हमेशा एक साइकिल चाहिए थी लेकिन मेरे माता-पिता ने कहा कि मुझे आधा पैसा बचाना होगा। मैंने ट्यूशन की आय से बचत करना शुरू कर दिया, ऑनलाइन खाना ऑर्डर करना छोड़ दिया, और छह महीने में अपना ₹5,000 का लक्ष्य हासिल कर लिया।"

मेहर, 17 (चेन्नई): "मैंने विदेश में एनिमेशन पढ़ने के अपने सपने के लिए एक मनी विजन बोर्ड बनाया। यह मुझे केंद्रित रखता है और मुझे अपनी पार्ट-टाइम सामग्री निर्माण कार्य से बचत करने की याद दिलाता है।"

अंतिम शब्द

बचत सिर्फ़ सावधान रहने के बारे में नहीं है—यह केंद्रित रहने के बारे में है। जब आप एक लक्ष्य निर्धारित करते हैं, उसे ट्रैक करते हैं, और नियमित रूप से बचत करते हैं, तो आप दुनिया को बता रहे हैं,

"मैं वह सब कुछ हासिल कर सकता हूँ जिसके लिए मैं काम करता हूँ।" तो, चाहे वह बाइक हो, लैपटॉप हो, कॉलेज हो, या कैमरा हो—आज ही अपनी योजना शुरू करें। क्योंकि बिना योजना के लक्ष्य सिर्फ़ एक इच्छा है।

अध्याय 6

निवेश का परिचय

अपने पैसे को अधिक स्मार्ट तरीके से बढ़ाएँ

अनाया से मिलो, एक 16 वर्षीय छात्रा जिसे हाल ही में उसके दादा-दादी से जन्मदिन के उपहार के रूप में ₹10,000 मिले हैं। इसे पूरा खर्च करने के बजाय, वह पैसे के साथ कुछ स्मार्ट करना चाहती है। उसका बड़ा भाई उसे निवेश शुरू करने का सुझाव देता है। वह उत्सुक है, "क्या निवेश केवल अमीर वयस्कों के लिए नहीं है?

अगर मेरे सारे पैसे डूब गए तो क्या होगा?" यह एक आम सवाल है। लेकिन अंदाज़ा लगाओ क्या? निवेश केवल बड़ों के लिए नहीं है। वास्तव में, आप जितनी जल्दी शुरू करेंगे, आपका भविष्य का रिटर्न उतना ही अधिक हो सकता है।

यह अध्याय आपको यह समझने में मदद करेगा कि निवेश का वास्तव में क्या मतलब है और किशोर कैसे स्मार्ट तरीके से शुरुआत कर सकते हैं।

खोजें: निवेश क्या है?

निवेश का अर्थ है अपने पैसे का उपयोग करके कुछ ख़रीदना—जैसे स्टॉक, बॉन्ड, या म्यूचुअल फंड—इस लक्ष्य के साथ कि इसका मूल्य समय के साथ बढ़ेगा। यह बचत से अलग है।

जब आप बचत करते हैं, तो आप अपने पैसे को सुरक्षित रूप से स्टोर करते हैं। जब आप निवेश करते हैं, तो आप अपने पैसे को काम पर लगाते हैं—ताकि यह अपने आप बढ़ सके।

आपको जल्दी निवेश क्यों शुरू करना चाहिए?

• अधिक समय = अधिक वृद्धि (चक्रवृद्धि ब्याज के कारण)
• मुद्रास्फीति से लड़ने में मदद करता है (समय के साथ पैसे का मूल्य कम होना)
• वित्तीय अनुशासन बनाता है
• धन सृजन में आपको एक शुरुआत देता है

निवेश को एक पेड़ लगाने जैसा समझें। आप इसे जितनी जल्दी लगाएंगे, यह उतना ही बड़ा होगा।

चक्रवृद्धि ब्याज की शक्ति

वित्त में सबसे जादुई विचारों में से एक चक्रवृद्धि ब्याज है। मान लीजिए आप ₹1,000 का निवेश करते हैं और यह प्रति वर्ष 10% कमाता है। एक साल बाद, यह ₹1,100 हो जाता है। दूसरे वर्ष में, आप केवल ₹1,000 पर ही नहीं, बल्कि ₹1,100 पर भी ब्याज कमाते हैं।

वर्ष	राशि (₹)
1	1,100
2	1,210
3	1,331
5	1,611
10	2,593

अब कल्पना करें कि आप 10 साल तक हर साल ₹1,000 का निवेश कर रहे हैं। आपके पास अंत तक लगभग ₹18,000 होंगे, न कि ₹10,000।

निवेश बनाम बचत: क्या अंतर है?

विशेषता	बचत	निवेश
उद्देश्य	सुरक्षा, अल्पकालिक लक्ष्य	वृद्धि, दीर्घकालिक लक्ष्य
वापसी	कम (3–5%)	अधिक (8–12% या अधिक)
जोखिम स्तर	बहुत कम	मध्यम से उच्च
समय सीमा	दिन से महीने तक	वर्षों या दशकों तक
उदाहरण	बचत खाता, FD	म्यूचुअल फंड, स्टॉक, सोना

इसे आज़माएँ: 1 लाख चुनौती मान लीजिए आप 15 साल की उम्र से हर महीने ₹1,000 बचाते हैं और इसे 10% रिटर्न के साथ निवेश करते हैं।

• 5 साल में: आपके पास ₹77,000+ होंगे

• 10 साल में: ₹2.1 लाख+

• 20 साल में: ₹6.8 लाख+

अगर आप 25 साल की उम्र तक इंतज़ार करते हैं तो अंतर बहुत बड़ा है। यही जल्दी शुरू करने की शक्ति है।

शुरुआती लोगों के लिए बुनियादी निवेश विकल्पों के प्रकार यहां सबसे शुरुआती-अनुकूल उपकरण दिए गए हैं:

• **सावधि जमा (FD):**

  o सुरक्षित

  o गारंटीकृत रिटर्न (लगभग 6-7%)

  o अल्पकालिक बचत के लिए बढ़िया

- **सार्वजनिक भविष्य निधि (PPF):**
    - o दीर्घकालिक
    - o सरकार समर्थित
    - o 15 साल का लॉक-इन, लेकिन बढ़िया ब्याज (7-8%)

- **SIPs (व्यवस्थित निवेश योजनाएं) के माध्यम से म्यूचुअल फंड:**
    - o आप मासिक रूप से छोटी मात्रा में निवेश करते हैं
    - o पेशेवर फंड मैनेजर पैसे का प्रबंधन करते हैं
    - o मध्यम से उच्च रिटर्न (औसत 8-12%)

- **सोना:**
    - o भौतिक या डिजिटल हो सकता है
    - o दीर्घकालिक सुरक्षा के लिए अच्छा

- **स्टॉक:**
    - o आप TCS, इंफोसिस, रिलायंस जैसी कंपनियों के शेयर ख़रीदते हैं
    - o उच्च जोखिम, उच्च रिटर्न
    - o शुरुआती लोगों के लिए मार्गदर्शन के बिना सलाह नहीं दी जाती

किशोर कहाँ निवेश कर सकते हैं या निवेश करना सीख सकते हैं?

चूंकि आपकी उम्र अभी 18 वर्ष नहीं हुई है, इसलिए आपको अपने नाम पर खाता खोलने के लिए एक अभिभावक/माता-पिता की आवश्यकता होगी:

विकल्प	**आपको क्या चाहिए**
म्यूचुअल फंड	अभिभावक का पैन, आधार
PPF खाता	पोस्ट ऑफिस/बैंक में माता-पिता के साथ
FD/RD	बैंक में नाबालिग खाता
शेयर बाज़ार	अभिभावक के साथ डीमैट खाता

निवेश करने से पहले हमेशा एक भरोसेमंद वयस्क से पूछें और समझें।

केस स्टडी: ऋषभ की म्यूचुअल फंड यात्रा ऋषभ, 17, ने अपने माता-पिता से ₹1,000/माह का SIP एक संतुलित म्यूचुअल फंड में शुरू करने में मदद करने के लिए कहा। उसने 2 साल तक जारी रखा। 19 साल की उम्र में, जब उसे अपने ऑनलाइन कोर्स के लिए पैसे की आवश्यकता थी, तो फंड बढ़कर ₹28,000 हो गया था। उसने सिर्फ़ बचत नहीं की—यह बढ़ी भी।

सोचें और चिंतन करें

- अगर मेरे पास आज ₹1,000 होते, तो क्या मैं खर्च करता या निवेश करता?
- मैं किस दीर्घकालिक लक्ष्य की दिशा में काम कर सकता हूँ?
- क्या मैं धैर्य रखने और अपने पैसे को बढ़ने देने के लिए तैयार हूँ?
- मैं घर पर या स्कूल में सुरक्षित रूप से निवेश करने के बारे में किससे बात कर सकता हूँ?

आइए दोहराएं – मुख्य बातें

- **निवेश** = कुछ स्तर के जोखिम के साथ समय के साथ अपने पैसे को बढ़ाना।
- चक्रवृद्धि ब्याज से लाभ उठाने के लिए जल्दी शुरू करें।
- बचत (सुरक्षित, कम रिटर्न) और निवेश (जोखिम भरा, उच्च रिटर्न) के बीच का अंतर समझें।
- म्यूचुअल फंड, PPF और FD शुरू करने के लिए अच्छी जगहें हैं।
- निवेश करने से पहले हमेशा सीखें और मदद के लिए वयस्कों से पूछें।

ख़ुद को जांचें – क्विज

1. किशोर के रूप में निवेश शुरू करने का सबसे बड़ा फायदा क्या है?

a) आप बजट छोड़ सकते हैं?

b) आप सभी जोखिमों से बचते हैं

c) आपके पास समय आपकी तरफ होता है

d) आपको मुफ्त पैसा मिलता है

उत्तर: c) आपके पास समय आपकी तरफ होता है

2. इनमें से किसमें सबसे अधिक जोखिम है लेकिन सबसे अधिक रिटर्न भी?

a) सावधि जमा

b) बचत खाता

c) म्यूचुअल फंड

d) स्टॉक

उत्तर: d) स्टॉक

3. सही या गलत: चक्रवृद्धि ब्याज का मतलब है कि आप अपने ब्याज पर भी ब्याज कमाते हैं।

उत्तर: सही

किताब से परे –

उपकरण और संसाधन निवेश सीखने के लिए ऐप्स:

• फिनटू

• ग्रोव

• INDmoney

वेबसाइटें:

• www.nseindia.com – शेयर बाज़ार के बारे में जानें

• www.moneycontrol.com – बाज़ार के रुझान और युक्तियाँ
• www.investopedia.com – वित्तीय शिक्षा

देखने के लिए वीडियो:
• "टीनएजर्स के लिए निवेश की मूल बातें" – यूट्यूब शैक्षिक चैनल
• "SIP बनाम FD" – रिटर्न में अंतर जानें

वास्तविक किशोरों की आवाज़ें सानिका, 16 (नागपुर):

"मेरे पिताजी ने मुझे एक SIP शुरू करने में मदद की। अब मैं डिज़ाइन करने के लिए एक ग्राफिक टैबलेट के लिए बचत कर रही हूँ। इसे हर महीने बढ़ते हुए देखना रोमांचक है!"

आर्यन, 17 (कोलकाता): "एक बार जब मैंने चक्रवृद्धि ब्याज के बारे में सीखा, तो मुझे एहसास हुआ कि हर महीने ₹500 भी 10 साल में बहुत बड़े हो सकते हैं। मैं इसमें हूँ!"

अंतिम शब्द

निवेश भाग्य के बारे में नहीं है। यह योजना, धैर्य और प्रगति के बारे में है। आज उठाया गया एक छोटा क़दम कल एक बड़ी छलांग बन जाता है। आप जितनी जल्दी निवेश करना शुरू करेंगे, आपके सपने उतनी ही तेज़ी से हक़ीक़त बन सकते हैं। तो आगे बढ़ो—एक भरोसेमंद वयस्क से बात करो, अपना पहला निवेश चुनो, और अपने पैसे को स्मार्ट तरीके से बढ़ते हुए देखो।

अध्याय 7

निवेश विकल्पों के प्रकार

चुनें कि आपके लिए क्या सही है

दो दोस्तों, ज़ारा और रवि, दोनों 17 साल के हैं, की कल्पना करें। ज़ारा ₹1,000 एक सावधि जमा (फिक्स्ड डिपॉजिट) में रखती है और 6% ब्याज कमाती है। रवि ₹1,000 एक म्यूचुअल फंड में निवेश करता है जो 10% कमाता है।

एक साल बाद, ज़ारा ₹60 कमाती है, जबकि रवि ₹100 कमाता है। दोनों ने समान राशि का निवेश किया—लेकिन उनका रिटर्न अलग है। क्यों? क्योंकि अलग-अलग निवेश अलग-अलग गति से बढ़ते हैं — और उनमें जोखिम और इनाम के अलग-अलग स्तर होते हैं।

यह अध्याय आपको विभिन्न निवेश विकल्पों को समझने और उनकी तुलना करने में मदद करेगा ताकि आप यह तय कर सकें कि आपके लक्ष्यों,

सुविधा स्तर और भविष्य के लिए सबसे अच्छा क्या है।

खोजें: निवेश विकल्प 101 आपके पैसे का निवेश करने के कई तरीके हैं। आइए सबसे सामान्य प्रकारों को देखें:

1. सावधि जमा (Fixed Deposit - FD)

सुरक्षा स्तर: बहुत सुरक्षित **रिटर्न:** 5%–7% **समय सीमा:** 6 महीने से 10 साल सावधि जमा तब होता है जब आप अपने पैसे को एक निश्चित समय के लिए बैंक में लॉक करते हैं और गारंटीकृत ब्याज प्राप्त करते हैं।

- अल्पकालिक लक्ष्यों के लिए बढ़िया
- आदर्श है यदि आप कोई जोखिम नहीं लेना चाहते हैं
- सभी बैंकों और डाकघरों में उपलब्ध

✓ **उदाहरण:** आप ₹10,000 1 साल के लिए 6% पर FD में निवेश करते हैं → आपको अंत में ₹10,600 मिलते हैं।

2. आवर्ती जमा (Recurring Deposit - RD)

सुरक्षा स्तर: बहुत सुरक्षित **रिटर्न:** 5%–6.5% **समय सीमा:** 6 महीने से 10 साल आप हर महीने एक छोटी राशि जमा करते हैं, और बैंक ब्याज जोड़ता है।

- ब्याज के साथ एक गुल्लक जैसा
- नियमित रूप से जेब खर्च बचाने वाले छात्रों के लिए बढ़िया

✓ **उदाहरण:** 1 साल के लिए ₹500/माह = ₹6,000 + ब्याज = ~₹6,200

3. सार्वजनिक भविष्य निधि (Public Provident Fund - PPF)

सुरक्षा स्तर: अत्यधिक सुरक्षित (सरकार समर्थित) **रिटर्न:** ~7% (वार्षिक रूप से चक्रवृद्धि) **समय सीमा:** 15 साल (केवल दीर्घकालिक) कर लाभ के साथ दीर्घकालिक बचत के लिए सबसे अच्छा। पैसा लगातार बढ़ता है।

• आप ₹500 से ₹1.5 लाख/वर्ष तक जमा कर सकते हैं
• शुरुआती निकासी केवल कुछ नियमों के तहत ही अनुमत है

✓ **उदाहरण:** 10 साल के लिए ₹1,000/माह ₹1.7–2 लाख+ हो सकता है।

4. म्यूचुअल फंड (SIPs के माध्यम से)

सुरक्षा स्तर: निम्न से उच्च (प्रकार पर निर्भर करता है) **रिटर्न:** 8%–15% (निश्चित नहीं) **समय सीमा:** मध्यम से दीर्घकालिक (3–10+ साल) म्यूचुअल फंड कई निवेशकों से पैसा जमा करते हैं और शेयर, बॉन्ड आदि में निवेश करते हैं। SIP = मासिक निवेश करना।

• पेशेवरों द्वारा प्रबंधित
• छोटे स्तर पर शुरू करने वाले किशोरों के लिए सबसे अच्छा

✓ **उदाहरण: 5** साल के लिए SIP में ₹1,000/माह →
~₹75,000–₹90,000

म्यूचुअल फंड के प्रकार:

• **इक्विटी** (उच्च रिटर्न, उच्च जोखिम)
• **ऋण** (कम जोखिम, स्थिर रिटर्न)
• **संतुलित** (दोनों का मिश्रण)

5. शेयर बाज़ार (Shares/Equity)

सुरक्षा स्तर: उच्च जोखिम **रिटर्न:** उच्च हो सकता है (>15%) लेकिन जोखिम भरा **समय सीमा:** अल्पकालिक से दीर्घकालिक शेयर ख़रीदना

एक कंपनी के एक छोटे हिस्से का मालिक होना है। कीमतें हर दिन ऊपर या नीचे जाती हैं।

- ज्ञान और नियमित ट्रैकिंग की आवश्यकता होती है
- मार्गदर्शन के बिना शुरुआती लोगों के लिए आदर्श नहीं

✓ **उदाहरण:** एक कंपनी के 5 शेयर ₹200 में ख़रीदना → यदि यह ₹250 हो जाता है, तो आप ₹250 कमाते हैं। **नोट:** किशोर अपने अभिभावक के डीमैट खाते के माध्यम से निवेश कर सकते हैं।

6. सोना (भौतिक या डिजिटल)

सुरक्षा स्तर: सुरक्षित **रिटर्न:** 6%–10% (बाज़ार के अनुसार भिन्न होता है) **समय सीमा:** मध्यम से दीर्घकालिक सोना मूल्य रखता है और आपात स्थितियों में बैकअप के रूप में उपयोग किया जाता है।

- आप सिक्के, आभूषण या डिजिटल सोना ख़रीद सकते हैं
- शेयर बाजार से सीधे प्रभावित नहीं होता है

✓ **उदाहरण:** ₹5,000 मूल्य का डिजिटल सोना खरीदना → कीमत बढ़ने पर बेच दें।

7. रियल एस्टेट (भूमि, घर)

सुरक्षा स्तर: मध्यम से उच्च जोखिम **रिटर्न:** दीर्घकालिक वृद्धि **समय सीमा:** 10+ साल संपत्ति खरीदना एक बड़ा निवेश है। किशोरों के लिए उपयुक्त नहीं है, लेकिन जानना अच्छा है।

8. क्रिप्टो (Bitcoin, Ethereum, आदि)

सुरक्षा स्तर: बहुत उच्च जोखिम **रिटर्न:** बहुत उच्च/बहुत निम्न (अस्थिर)

समय सीमा: सट्टा क्रिप्टोकरेंसी डिजिटल मुद्राएं हैं। वे भारत में विनियमित नहीं हैं और तेजी से बढ़ या गिर सकती हैं।

- किशोरों के लिए अनुशंसित नहीं
- निवेश करने के बजाय निरीक्षण और सीखने के लिए सबसे अच्छा

✓ **टिप:** कूदने से पहले सैंडबॉक्स एप्स के माध्यम से इसके बारे में जानें।

इसे आज़माएँ

तुलना करें और चुनें मान लीजिए आपके पास 5 साल के लिए हर महीने ₹1,000 का निवेश करने के लिए है। औसत रिटर्न के आधार पर:

निवेश	5 साल बाद अनुमानित मूल्य
सावधि जमा (6%)	₹6,800–₹7,000
PPF (7.1%)	₹7,100–₹7,400
म्यूचुअल फंड SIP (10%)	₹7,800–₹8,200
सोना (औसत 8%)	₹7,400–₹7,800

आप कौन सा चुनेंगे और क्यों?

सोचें और चिंतन करें

- क्या मुझे सुरक्षित रिटर्न चाहिए या जोखिम के साथ उच्च रिटर्न?
- क्या मैं 1 साल, 5 साल या उससे अधिक समय के लिए बचत कर रहा हूँ?
- क्या मुझे अपने पैसे तक तुरंत पहुंच की आवश्यकता है?
- किस प्रकार का निवेश मेरे व्यक्तित्व से मेल खाता है?

आइए दोहराएं – मुख्य बातें

• कई **निवेश विकल्प हैं**—प्रत्येक में अलग-अलग जोखिम, रिटर्न और समय सीमा होती है।
• **सुरक्षित विकल्प** = FD, RD, PPF
• **विकास विकल्प** = म्यूचुअल फंड, स्टॉक
• छोटे से शुरू करें, बुद्धिमानी से चुनें, और हमेशा निवेश करने से पहले सीखें।
• वह चुनें जो आपके लक्ष्यों और सुविधा स्तर के अनुरूप हो।

ख़ुद को जांचें – क्विज

1. किस निवेश में सबसे लंबी लॉक-इन अवधि होती है?
a) सावधि जमा
b) म्यूचुअल फंड
c) PPF
d) सोना
उत्तर: c) PPF

2. SIP का क्या अर्थ है?
a) सेविंग्स इंश्योरेंस प्लान
b) सिस्टमेटिक इन्वेस्टमेंट प्लान
c) सेफ इनकम पोर्टफोलियो
उत्तर: b) सिस्टमेटिक इन्वेस्टमेंट प्लान

3. **सही या गलत**:
सभी म्यूचुअल फंड गारंटीकृत रिटर्न देते हैं।
उत्तर: गलत

किताब से परे – उपकरण और संसाधन वेबसाइटें:

- www.moneycontrol.com – रिटर्न की तुलना करें
- www.nsc.gov.in – PPF और RD नियम
- www.groww.in – म्यूचुअल फंड की जानकारी

एप्स:

- कुवेरा
- ग्रोव
- कॉइन बाय ज़ेरोधा

यूट्यूब चैनल:

- सीए रचना रानाडे
- प्रांजल कामरा
- लेबर लॉ एडवाइजर (हिंदी)

वास्तविक किशोर की आवाज़ मेहुल, 16 (पुणे):

"मैंने अपने माता-पिता की मदद से एक SIP शुरू किया। इसे हर महीने बढ़ता हुआ देखना रोमांचक है। मैं इसे एक एप का उपयोग करके भी ट्रैक करता हूँ।"

अंतिम शब्द

निवेश में कोई एक आकार-फिट-सभी नहीं होता है। कुछ सुरक्षा पसंद करते हैं। अन्य विकास चाहते हैं। तरकीब यह है कि अपने निवेश को अपने लक्ष्य, समय और जोखिम के साथ सुविधा के अनुरूप बनाएं।
भले ही आप आज शुरू न करें, लेकिन इन विकल्पों के बारे में जानने से आपको शक्ति मिलती है। जब समय आएगा, तो आप अपने पैसे को बुद्धिमानी से बढ़ाने के लिए तैयार होंगे।

अध्याय 8

शिक्षा और करियर के लिए वित्तीय योजना

स्मार्ट योजना के साथ अपने सपनों को सुरक्षित करें

अनन्या से मिलो, एक 16 वर्षीय छात्रा जो एक शीर्ष विश्वविद्यालय में कंप्यूटर विज्ञान का अध्ययन करने का सपना देखती है। वह कोर्स की फीस गूगल करती है—

₹10 से ₹20 लाख! उसका उत्साह फीका पड़ जाता है। "मुझे इतना पैसा कहाँ से मिलेगा?" लेकिन फिर, उसकी बड़ी चचेरी बहन उसे सलाह देती है, "अभी से योजना बनाना शुरू करो—स्मार्ट तरीके से बचत करो, छात्रवृत्ति के लिए आवेदन करो, और शिक्षा ऋण का पता लगाओ।"

यह अध्याय दिखाता है कि शिक्षा और करियर के लिए योजना बनाना केवल

वयस्कों के लिए नहीं है—यह कुछ ऐसा है जो हर किशोर जल्दी कर सकता है और करना चाहिए।

खोजें: आपको आगे की योजना क्यों बनानी चाहिए चाहे आप डॉक्टर, कलाकार, पायलट, या उद्यमी बनने का सपना देखते हों—
आपके करियर लक्ष्यों के लिए योजना बनाने की आवश्यकता होती है, और इसमें पैसा भी शामिल है।

शिक्षा के लिए वित्तीय योजना क्यों मायने रखती है:
- आपकी शिक्षा यात्रा की लागत का अनुमान लगाने में आपकी मदद करता है
- माता-पिता या अभिभावकों पर बोझ कम करता है
- आपको स्मार्ट विकल्पों की तलाश करने के लिए प्रोत्साहित करता है—
जैसे छात्रवृत्ति या कम लागत वाले विकल्प
- आपको एक स्पष्ट दृष्टि के साथ प्रेरित रखता है

करियर लक्ष्यों की कीमत होती है:
- कॉलेज ट्यूशन
- कोचिंग या प्रवेश परीक्षा शुल्क
- अध्ययन सामग्री या लैपटॉप
- छात्रावास/परिवहन
- रहने का खर्च

जब आप आगे की योजना बनाते हैं, तो आप नियंत्रण में होते हैं।

इसे आज़माएँ

अपनी भविष्य की शिक्षा लागत का अनुमान लगाएं एक प्रतिष्ठित कॉलेज में इंजीनियरिंग (B.Tech) करने के इच्छुक छात्र के लिए यहां एक उदाहरण दिया गया है:

मद	अनुमानित लागत (4 साल)
ट्यूशन फीस	₹6,00,000 – ₹10,00,000
छात्रावास और मेस	₹2,00,000 – ₹3,00,000
किताबें, लैपटॉप, सामग्री	₹1,00,000 – ₹1,50,000
कोचिंग (JEE तैयारी, आदि)	₹1,00,000 – ₹2,00,000
विविध	₹50,000
कुल	**₹10,50,000 – ₹16,00,000**

अब आप कोशिश करें:
अपने इच्छित करियर के बारे में सोचें। कॉलेज की वेबसाइटों का उपयोग करें या वरिष्ठों से बात करें और इस तालिका के अपने संस्करण को भरें। यह स्मार्ट वित्तीय योजना के लिए आपका पहला कदम है!

खोजें: धन के स्रोत एक बार जब आप अपना लक्ष्य जान जाते हैं, तो उस तक पहुंचने के लिए स्रोतों को देखें।

1. व्यक्तिगत/परिवार की बचत
- कॉलेज फंड के लिए समर्पित एक बचत खाता खोलें
- मासिक लक्ष्य निर्धारित करें (जैसे, ₹500–₹1000)
- रिश्तेदारों से उपहारों के बजाय जन्मदिन पर योगदान करने के लिए कहें!

2. छात्रवृत्ति और अनुदान
- केंद्र और राज्य सरकार की छात्रवृत्तियां (जैसे, NSP पोर्टल)
- निजी और कॉर्पोरेट छात्रवृत्तियां (जैसे, टाटा ट्रस्ट, रिलायंस फाउंडेशन)
- कॉलेज-विशिष्ट योग्यता-आधारित छात्रवृत्तियां
- पात्रता की जांच करें: शैक्षणिक अंक, पारिवारिक आय, विशेष श्रेणियां

टिप: छात्रवृत्ति की समय-सीमा की सूची रखें। कक्षा 10 या 11 में ही आवेदन करना शुरू कर दें।

3. अंशकालिक नौकरियां या इंटर्नशिप

- फ्रीलांसिंग, ट्यूशन, ब्लॉगिंग, कोडिंग गिग्स
- अपने कॉलेज फंड के लिए एक हिस्सा बचाएं

4. शिक्षा ऋण

- बैंकों से उपलब्ध (जैसे, SBI, HDFC, BoB)
- पाठ्यक्रम समाप्त होने के बाद पुनर्भुगतान शुरू होता है
- कम आय वाले परिवारों के लिए ब्याज सब्सिडी उपलब्ध (CSIS के माध्यम से)

5. क्राउडफंडिंग

- कुछ छात्र धन जुटाने के लिए विश्वसनीय प्लेटफार्मों (जैसे केटो या मिलाप) का उपयोग करते हैं—विशेष रूप से विदेश में उच्च शिक्षा के लिए।

लक्ष्य-निर्धारण टेम्पलेट आइए आपके करियर के सपने को एक **SMART वित्तीय लक्ष्य** में तोड़ें:

SMART लक्ष्य तत्व	**उदाहरण: ग्राफिक डिजाइनर बनना**
विशिष्ट (Specific)	डिप्लोमा फीस के लिए ₹2 लाख बचाएं
मापने योग्य (Measurable)	24 महीनों के लिए ₹2,000/माह बचाएं
प्राप्य (Achievable)	ऑनलाइन पोस्टर डिजाइन करके कमाएं
यथार्थवादी (Realistic)	किफायती कोर्स + अंशकालिक काम
समय-सीमाबद्ध (Time-Bound)	जून 2027 तक लक्ष्य प्राप्त करें

आपकी बारी: अपने ख़ुद के सपनों के मार्ग के लिए इसे भरें!

सोचें और चिंतन करें

• क्या आपने अपने माता-पिता से कॉलेज के खर्चों के बारे में बात की है?
• क्या आप केवल उन पर निर्भर हैं, या आप भी योगदान करने की कोशिश कर रहे हैं?
• आपको अपने भविष्य के लिए अभी बचत करने के लिए क्या प्रेरित करेगा?
• आप किन छात्रवृत्तियों या प्रवेश परीक्षाओं की तैयारी कर रहे हैं?

आइए दोहराएं – मुख्य बातें

• आपके करियर लक्ष्यों के लिए वित्तीय योजना आवश्यक है।
• बड़े लक्ष्यों को कार्रवाई योग्य बचत और धन के चरणों में तोड़ें।
• छात्रवृत्ति, अंशकालिक आय और ऋण का बुद्धिमानी से उपयोग करें।
• ट्रैक पर रहने के लिए SMART लक्ष्य ढांचे को लागू करें।

ख़ुद को जांचें – क्विज

1. निम्नलिखित में से कौन सा ऋण है जिसे आप शिक्षा के बाद चुकाते हैं?

a) अनुदान

b) शिक्षा ऋण

c) छात्रवृत्ति

उत्तर: b) शिक्षा ऋण

2. SMART लक्ष्य का एक लाभ क्या है?

a) यह सफलता की गारंटी देता है

b) यह एक स्पष्ट, केंद्रित योजना बनाने में मदद करता है

उत्तर: b) यह एक स्पष्ट, केंद्रित योजना बनाने में मदद करता है

3. **सही या ग़लत:**
आपको अपनी शिक्षा के वित्त की योजना कक्षा 12 के बाद ही शुरू करनी चाहिए।
उत्तर: ग़लत

किताब से परे – उपकरण और संसाधन वेबसाइटें:

• https://scholarships.gov.in – राष्ट्रीय छात्रवृत्ति पोर्टल
• https://vidyalakshmi.co.in – शिक्षा ऋण के लिए आवेदन करें
• CollegeDunia.com, Shiksha.com – कॉलेज की लागतों की तुलना करें

एप्स:
• **Buddy4Study** (छात्रवृत्ति अलर्ट)
• **Groww** (लक्ष्य-आधारित निवेश)

TED वार्ता:
• "व्हाई यू विल फेल टू हैव अ ग्रेट करियर" – लैरी स्मिथ
• "व्हाट एडल्ट्स कैन लर्न फ्रॉम किड्स" – एडोरा स्वितक

वास्तविक किशोर की आवाज़ ईशान, 17 (दिल्ली):

"मैं एक सॉफ्टवेयर इंजीनियर बनना चाहता हूँ। मैंने स्थानीय व्यवसायों के लिए इंस्टाग्राम रीलों को बनाकर एक कोडिंग कोर्स के लिए पैसे बचाए। वह मेरा पहला करियर निवेश था!"

गतिविधि: अपना करियर-वित्त ट्रैकर बनाएं 3-कॉलम वाली तालिका बनाएं:

करियर लक्ष्य	लागत अनुमान	बचत/धन योजना

प्रगति देखने के लिए इसे हर 3 महीने में अपडेट करें। समय-सीमा, लागू की गई छात्रवृत्तियों, या परीक्षा तिथियों जैसे नोट्स जोड़ें।

अंतिम विचार

आपका भविष्य सपनों + कार्रवाई + योजना का एक संयोजन है। और उस कार्रवाई का एक हिस्सा वित्तीय योजना है—केवल माता-पिता पर निर्भर रहना नहीं, बल्कि वित्तीय रूप से जागरूक, ज़िम्मेदार और शामिल होना। हर हफ्ते ₹100 बचाना या छात्रवृत्ति पर शोध करना भी एक क़दम आगे है। **याद रखें:** बड़े लक्ष्यों का पीछा करने के लिए आपको अमीर होने की आवश्यकता नहीं है—आपको बस स्मार्ट और रणनीतिक होने की आवश्यकता है।

अध्याय 9

ऋण और बुरी आदतों से बचना

स्मार्ट रहकर आगे रहें

नेहा से मिलो, एक 17 वर्षीय छात्रा जिसे अभी-अभी अपना पहला प्रीपेड कार्ड मिला है। उत्साहित होकर, वह ट्रेंडी कपड़े, ऑनलाइन खाना और गेमिंग एप्स पर खर्च करना शुरू कर देती है।

महीने के अंत में, उसे अपना बैलेंस खाली देखकर झटका लगता है—और इससे भी बुरा, उसने अपने चचेरे भाई को उधार लिए गए फिजूलखर्ची के लिए ₹2000 देने हैं। सुना-सुना सा लगता है? खर्च करने के जाल की दुनिया में आपका स्वागत है।
नेहा जैसे किशोर अक्सर कर्ज़ या खराब वित्तीय आदतों में फंस जाते हैं, इसलिए नहीं कि वे लापरवाह हैं, बल्कि इसलिए कि उन्हें किसी ने स्मार्ट तरीके से पैसे का प्रबंधन करना नहीं सिखाया। यह अध्याय आपका सुरक्षा - कवच है।

खोजें: ऋण क्या है और यह क्यों ख़तरनाक हो सकता है ऋण का अर्थ है उधार लेना जिसे आप चुकाने का वादा करते हैं, आमतौर पर ब्याज के साथ। जबकि कुछ प्रकार के ऋण (जैसे शिक्षा ऋण या गृह ऋण) सहायक हो सकते हैं,

ख़राब ऋण—जैसे क्रेडिट कार्ड बकाया या विलासिता के लिए व्यक्तिगत ऋण—आपको वित्तीय संकट में डाल सकता है। **ऋण के प्रकार जो आपको जानने चाहिए:**

ऋण का प्रकार	यह क्या है	जोखिम स्तर
क्रेडिट कार्ड ऋण	उच्च ब्याज के साथ उधार लिया गया पैसा	उच्च
व्यक्तिगत ऋण	बैंक या ऐप से असुरक्षित ऋण	उच्च
शिक्षा ऋण	कॉलेज/अध्ययन के लिए ऋण, कोर्स के बाद चुकाया जाता है	मध्यम
EMI अभी खरीदें, बाद में भुगतान करें	विभाजित भुगतान सेवाएँ (जैसे, ZestMoney)	मध्यम
पेडे ऋण/ऐप्स	तत्काल नकद ऐप्स—अक्सर जोखिम भरा और अनियमित	बहुत उच्च

ऋण की वास्तविक लागत मान लीजिए आपने 36% वार्षिक ब्याज पर क्रेडिट कार्ड पर ₹5,000 उधार लिए। यदि आप 1 साल में चुकाते नहीं हैं: आपको ब्याज में ₹1,800 से अधिक का भुगतान करना होगा!

यह लगभग 40% अतिरिक्त है। ऋण तेज़ी से बढ़ता है। यदि आप केवल न्यूनतम राशि का भुगतान करते हैं, तो आप बहुत लंबे समय तक फंसे रहेंगे।

सामान्य ख़राब वित्तीय आदतें (और उन्हें कैसे तोड़ें)

- **आवेगी ख़रीदारी (Impulse Buying)**
  - आपको किसी चीज़ की ज़रूरत नहीं है, बस इसलिए ख़रीद लेना क्योंकि वह ट्रेंडिंग है या सेल पर है।
  - **समाधान:** 24 घंटे का नियम लागू करें। किसी भी गैर-ज़रूरी ख़रीद से पहले एक दिन प्रतीक्षा करें।

- **साथियों के दबाव में खर्च करना (Peer Pressure Spending)**
  - "सबके पास नया iPhone है, मुझे भी चाहिए!"
  - **समाधान:** अपने लक्ष्यों को ट्रैक करें। अलग—और ज़िम्मेदार—होने पर गर्व करें।

- **अपनी कमाई से अधिक खर्च करना (Spending More Than You Earn)**
  - जब भत्ता/आय पर्याप्त न हो तो क्रेडिट या उधार का उपयोग करना।
  - **समाधान:** बजट का पालन करें। पहले बचत करें, बाद में खर्च करें।
- **छोटे ऋणों को अनदेखा करना (Ignoring Small Debts)**
  - यह सोचना कि "यह सिर्फ़ ₹500 है"—जब तक यह ₹5000 तक न जुड़ जाए।
  - **समाधान:** छोटे ऋणों का तुरंत भुगतान करें। बकाया जमा करने से बचें।

इसे आज़माएँ

अच्छे ऋण बनाम बुरे ऋण का परिदृश्य परिदृश्य A: आप ग्राफिक डिज़ाइन में एक प्रमाणित ऑनलाइन कोर्स के लिए ₹10,000 उधार लेते

हैं जो आपको फ्रीलांस करने में मदद करता है। **परिदृश्य B:** आप अपने दोस्तों को प्रभावित करने के लिए महंगे जूते ख़रीदने के लिए ₹10,000 उधार लेते हैं। **कौन सा अच्छा ऋण है? क्यों?** कक्षा में चर्चा करें या अपनी मनी जर्नल में लिखें।

किशोरों के लिए डिजिटल ऋण के ख़तरे

• कई किशोर **BNPL (अभी खरीदें, बाद में भुगतान करें)** ऐप्स जैसे LazyPay, Simpl, आदि का उपयोग करते हैं।
• वे आसान लगते हैं—लेकिन हर छूटा हुआ भुगतान आपके क्रेडिट स्कोर को प्रभावित करता है।
• कुछ ऐप्स आक्रामक वसूली रणनीति या छिपे हुए शुल्क का उपयोग करते हैं।
• "बाद में भुगतान करें" पर क्लिक करने से पहले हमेशा नियम और शर्तें पढ़ें।

टिप: कभी भी उन ऐप्स या साइटों से उधार न लें जो RBI-पंजीकृत नहीं हैं।

सोचें और चिंतन करें

• क्या आपने कभी किसी से पैसे उधार लिए हैं? क्यों?
• पैसे का बकाया होने पर कैसा महसूस हुआ?
• क्या कभी ऐसा हुआ है जब आपको ख़रीदारी पर पछतावा हुआ हो?
• आप अपने कॉलेज या काम के जीवन में वित्तीय तनाव से कैसे बच सकते हैं?

स्वर्णिम नियम: अपनी कमाई से कम खर्च करें इसका मतलब यह नहीं है कि आपको कभी जीवन का आनंद नहीं लेना चाहिए। इसका मतलब है: अपनी कमाई से कम खर्च करें और बाकी अपने सपनों के लिए बचाएं।

50-30-20 नियम का उपयोग करें:

- **50% आवश्यकताओं के लिए** (स्कूल, भोजन, परिवहन)
- **30% इच्छाओं के लिए (**मस्ती, मनोरंजन)
- **20% बचत/निवेश के लिए**

आइए दोहराएं – मुख्य बातें

- **ऋण** उधार लेना है जिसे आपको ब्याज के साथ चुकाना होगा।
- आवेगी खर्च, साथियों के दबाव में ख़रीदारी, या ऋणों को अनदेखा करने जैसी बुरी आदतों से बचें।
- सभी ऋण ख़राब नहीं होते हैं—लेकिन इसकी योजना बनाई जानी चाहिए और यह प्रबंधनीय होना चाहिए।
- किसी भी ऋण, BNPL या क्रेडिट उत्पाद के बारीक प्रिंट को हमेशा पढ़ें।
- अपनी आय का बुद्धिमानी से प्रबंधन करने के लिए 50-30-20 नियम का उपयोग करें।

ख़ुद को जांचें – क्विज

1. हर महीने पूरी राशि का भुगतान किए बिना क्रेडिट कार्ड का उपयोग करने का सबसे बड़ा जोखिम क्या है?

a) कैशबैक ऑफ़र

b) उच्च क्रेडिट स्कोर

c) उच्च ब्याज शुल्क

उत्तर: c) उच्च ब्याज शुल्क

2. निम्नलिखित में से कौन सी एक अच्छी वित्तीय आदत है?

a) अपनी कमाई से अधिक खर्च करना

b) मासिक खर्चों का बजट बनाना

c) लग्जरी ख़रीदारी के लिए ऋण लेना

उत्तर: b) मासिक खर्चों का बजट बनाना

3. **सही या ग़लत:**
अभी ख़रीदें, बाद में भुगतान करें विकल्प हमेशा किशोरों के लिए सुरक्षित होते हैं।
उत्तर: गलत

किताब से परे – उपकरण और संसाधन खर्च को ट्रैक करने और अधिक खर्च से बचने के लिए ऐप्स:

- वॉलनट
- मनी मैनेजर
- गूगल शीट्स बजट टेम्पलेट

सहायक वीडियो:
- "हाउ टू अवॉयड डेट" – यूट्यूब (मनी स्कूल)
- "मिनिमलिज्म एंड मनी" – TEDx टॉक

पुस्तकें:
- रामित सेठी द्वारा I Will Teach You to Be Rich (टीन एडिशन)
- मॉर्गन हाउसल द्वारा द साइकोलॉजी ऑफ मनी (सरल अध्याय)

वास्तविक किशोर कहानी श्रेया, 16 (लखनऊ):

"मैंने एक बार कपड़ों के लिए एक BNPL एप का इस्तेमाल किया और चुकाना भूल गई। कॉल और विलंब शुल्क ने मुझे डरा दिया। उस अनुभव ने मुझे एक सख़्त मासिक बजट बनाने के लिए मज़बूर किया। अब मैं एक ऐप पर सब कुछ ट्रैक करती हूँ—और ख़रीदारी के लिए कभी उधार नहीं लेती हूँ!"

गतिविधि: अपनी बुरी आदतों को तोड़ें अपनी नोटबुक में यह तालिका भरें:

तोड़ने वाली आदत	यह क्यों हानिकारक है	बदली गई अच्छी आदत

उदाहरण:
आवेगी खरीदारी | पैसे की बर्बादी और पछतावा | ख़रीदने से पहले 24 घंटे प्रतीक्षा करें |

अंतिम विचार

खराब वित्तीय आदतें और अनियोजित ऋण सिर्फ़ आपके बटुए को ही नुकसान नहीं पहुंचाते—वे आपकी मन की शांति और आपके भविष्य के सपनों को भी प्रभावित करते हैं।

एक किशोर के रूप में, आपके पास शानदार आदतें स्थापित करने का सही समय है। सीखें कि जो आपके भविष्य की सेवा नहीं करता है, उसे "ना" कैसे कहें। **स्मार्ट किशोर सिर्फ़ पैसे नहीं कमाते—वे इसे बचाते भी हैं।**

अध्याय 10

जीवन के लिए स्मार्ट धन आदतें

एक ऐसा वित्तीय भविष्य बनाएं जिस पर आपको गर्व हो

पुणे के 17 वर्षीय अर्जुन से मिलो, जिसने हाल ही में फ्रीलांस वीडियो एडिटिंग से कमाना शुरू किया है। अपनी नई आय से उत्साहित होकर, उसने गैजेट्स, गेम्स और स्नैक्स पर पैसा उड़ाना शुरू कर दिया। एक महीने बाद—उसके पास कुछ भी नहीं बचा था। कोई बचत नहीं, कोई योजना नहीं, कोई अंदाज़ा नहीं कि उसका पैसा कहाँ गया। अब कल्पना करें कि अगर अर्जुन के पास शुरुआत से ही कुछ स्मार्ट पैसे की आदतें होतीं।

क्या होगा अगर वह जानता कि कैसे बचत करनी है, समझदारी से खर्च करना है, और अप्रत्याशित के लिए योजना बनानी है? इस अध्याय में, हम आजीवन वित्तीय आदतें बनाने का पता लगाएंगे जो मन की शांति, आत्मविश्वास और स्वतंत्रता पैदा करती हैं।

खोजें: स्मार्ट धन आदतें क्या हैं? पैसा की आदतें वे दिनचर्या और विकल्प हैं जो आप अपने वित्त के साथ बनाते हैं—आप कैसे कमाते हैं, खर्च करते हैं, बचत करते हैं, निवेश करते हैं और देते हैं। अच्छी आदतें धन बढ़ाती हैं। बुरी आदतें इसे ख़त्म कर देती हैं।

स्मार्ट धन की आदतें आपको इसमें मदद करती हैं:
- ऋण से बचें
- अपनी बचत बढ़ाएं
- अपने सपनों में निवेश करें
- आपात स्थितियों में शांत रहें
- दीर्घकालिक वित्तीय सफलता का निर्माण करें

अभी शुरू करने के लिए 7 सबसे स्मार्ट धन आदतें

1. **पहले ख़ुद को भुगतान करें** कुछ भी खर्च करने से पहले, अपनी आय का एक हिस्सा बचाएं। **टिप:** हर बार जब आपको पैसा मिले तो 20% बचत के साथ शुरुआत करें। यदि संभव हो तो इसे स्वचालित करें।

2. **हर रुपया ट्रैक करें** अपने खर्चों का रिकॉर्ड रखें—दैनिक या साप्ताहिक। **उपयोग करें:** वॉलेट, गुडबजट जैसे ऐप्स, या एक साधारण गूगल शीट।

3. **मासिक बजट बनाएं** अपनी आय जानें और इसे आवश्यकताओं, इच्छाओं और बचत में विभाजित करें।

50-30-20 नियम का पालन करें:
- 50% आवश्यकताएं
- 30% इच्छाएं
- 20% बचत

4. **SMART लक्ष्य निर्धारित करें** चाहे फोन या कॉलेज के लिए बचत करना हो, लक्ष्य होने चाहिए: **विशिष्ट (Specific), मापने योग्य (Measurable), प्राप्य (Achievable), यथार्थवादी (Realistic), और समय-सीमाबद्ध (Time-bound)।**

5. **एक आपातकालीन निधि बनाएं** अप्रत्याशित घटनाओं—बीमारी, तकनीकी विफलता, या अंतिम मिनट की यात्रा—के लिए पैसे बचाएं। **शुरुआत करें:** एक अलग खाते में ₹1,000–₹5,000।

6. **खर्च करने से पहले सीखें** खरीदने या निवेश करने से पहले, अपना शोध करें। **पूछें:** क्या यह एक आवश्यकता है या एक इच्छा? क्या मैं इसे 3 महीने से अधिक समय तक उपयोग करूंगा?

7. **वापस दें** दान या समय के साथ अपने समुदाय की मदद करें। यह सहानुभूति और वित्तीय जागरूकता बनाता है।

बोनस आदतें

- **साथियों के दबाव में ख़रीदारी से दूर रहें**
  - सिर्फ़ इसलिए कि दोस्त कुछ ख़रीद रहे हैं इसका मतलब यह नहीं है कि आपको भी उसकी ज़रूरत है।

- **दीर्घकालिक सोचें**
  - पूछें: क्या यह मुझे 6 महीने या 1 साल बाद मदद करेगा?

- **अपने डेटा और पैसे को ऑनलाइन सुरक्षित रखें**
  - मज़बूत पासवर्ड का उपयोग करें। OTPs साझा न करें। केवल सत्यापित एप्स का उपयोग करें।

इसे आज़माएँ

अपना व्यक्तिगत आदत ट्रैकर बनाएं

दिनांक	बचत (₹)	खर्चे ट्रैक किए गए?	कोई आवेगी खरीदारी नहीं?	नोट्स
1 जुलाई	₹200	✓	✓	बढ़िया शुरुआत!

इसे एक सप्ताह के लिए आज़माएं। देखें क्या बदलता है।

सोचें और चिंतन करें

- अभी आपकी सबसे कमजोर पैसे की आदत क्या है?
- आज आप क्या एक छोटा सा बदलाव कर सकते हैं?
- आप किसे जानते हैं जिसकी पैसे की आदतें अच्छी हैं? आप उनसे क्या सीख सकते हैं?

बचने वाली गलतियाँ

गलती	स्मार्ट आदत प्रतिस्थापन
बिना ट्रैक किए खर्च करना	दैनिक खर्च लॉग का उपयोग करें
वेतन से वेतन पर जीना	पहले बचत को स्वचालित करें
आपात स्थितियों के लिए दूसरों पर निर्भर रहना	अपनी आपातकालीन निधि बनाएं
दोस्तों को प्रभावित करने के लिए खरीदना	व्यक्तिगत वित्तीय लक्ष्य निर्धारित करें

आदतें बनाने के उपकरण एप्स:

- मनी लवर – बजट प्लानर और खर्च ट्रैकर
- गोल ट्रैकर – बचत लक्ष्य निर्धारित करें
- पॉकेटगार्ड – खर्च और बचत की निगरानी करता है

योजनाकार और पत्रिकाएँ:

- लक्ष्यों के लिए बुलेट जर्नल
- प्रिंटेबल बचत ट्रैकर
- नकद उपयोग के लिए बजट लिफाफे

वास्तविक किशोर कहानी आलिया, 18 (दिल्ली):

"मैं पहले सप्ताह में अपना पूरा भत्ता खर्च कर देती थी। फिर मैंने एक जर्नल शुरू किया और हर रुपया लिखा जो मैंने खर्च किया। मैं चौंक गई! अब, मैं 50-30-20 नियम का उपयोग करती हूँ और अपने दोस्तों के साथ छोटी यात्राओं के लिए बचत करती हूँ। मुझे गर्व और स्वतंत्रता महसूस होती है।"

आइए दोहराएं – मुख्य बातें

- स्मार्ट पैसे की आदतें एक स्मार्ट वित्तीय भविष्य का निर्माण करती हैं।
- पहले ख़ुद को भुगतान करें और हमेशा अपने खर्चों को ट्रैक करें।
- बजट के लिए 50-30-20 नियम का उपयोग करें।
- आपातकालीन निधि एक आवश्यकता है—यहां तक कि किशोरों के लिए भी।
- साथियों के दबाव से बचें और दीर्घकालिक सोचें।
- ट्रैक पर रहने के लिए ऐप्स, प्लानर या जर्नल का उपयोग करें।

ख़ुद को जांचें – क्विज

1. "पहले खुद को भुगतान करें" का क्या अर्थ है?
a) बचत से पहले आवश्यकताओं पर खर्च करें
b) खर्च करने से पहले पैसे बचाएं
c) अपने माता-पिता को भुगतान करें
उत्तर: b) खर्च करने से पहले पैसे बचाएं

2. 50-30-20 बजट नियम का उपयोग किस लिए किया जाता है?
a) भोजन की योजना बनाना
b) आय को आवश्यकताओं, इच्छाओं, बचत में बजट करना
c) स्टॉक में निवेश करना
उत्तर: b)

3. **सही या ग़लत:**
आपातकालीन निधि केवल वयस्कों के लिए है।
उत्तर: ग़लत

4. **SMART** लक्ष्य क्या है? एक लक्ष्य जो **विशिष्ट (Specific), मापने योग्य (Measurable), प्राप्य (Achievable), यथार्थवादी (Realistic), समय-सीमाबद्ध (Time-bound) है।**

किताब से परे – और जानें वेबसाइटें:

• www.investopedia.com – शुरुआती पैसे की शर्तें
• **RBI's Money Smart** – भारतीय बैंकिंग अवधारणाएं

TED वार्ता:
• "व्हाई यू शुड स्टार्ट सेविंग यंग"

• "द सीक्रेट टू लाइफ़लॉन्ग फाइनेंशियल वेलनेस"

यूट्यूब चैनल:
• सीए रचना रानाडे
• लेबर लॉ एडवाइजर – यूथ फाइनेंस

पुस्तकें:
• द बेयरफुट इन्वेस्टर फॉर टीन्स
• रिच डैड पुअर डैड – टीन एडिशन

अंतिम विचार

पैसा सिर्फ़ संख्याओं के बारे में नहीं है—यह स्वतंत्रता, आत्मविश्वास और विकल्पों के बारे में है। यदि आप अभी मजबूत पैसे की आदतें बनाते हैं, तो वे आपको जीवन के हर चरण में ले जाएंगी। चाहे आप डॉक्टर, उद्यमी, कलाकार, या शिक्षक बनें—आपका वित्तीय भविष्य आपके हाथों में है। **छोटा शुरू करें। लगातार रहें। दीर्घकालिक सोचें।**

अध्याय 11

डिजिटल भुगतान और

ऑनलाइन सुरक्षा

सुरक्षित, स्मार्ट ऑनलाइन धन चालों के लिए आपका मार्गदर्शक

लखनऊ की 16 वर्षीय छात्रा तान्या ने अभी-अभी अपनी माँ की UPI ID का उपयोग करके ऑनलाइन एक कॉन्सर्ट टिकट ख़रीदा था। कुछ ही मिनटों बाद, उसे एक कॉल आया जिसमें कहा गया कि उसका लेन-देन विफल हो गया है और उसे "अपना OTP सत्यापित करना होगा।"

उसने कोड दिया—और उसकी माँ के बैंक खाते से ₹5,000 गायब हो गए। उसे धोखा दिया गया था। यह दुर्लभ नहीं है। जैसे-जैसे किशोर डिजिटल वॉलेट, UPI और मोबाइल बैंकिंग को अपनाते हैं, उन्हें बुद्धिमानी और सुरक्षित रूप से उपयोग करना जानना आवश्यक है।

इस अध्याय में, हम आपको एक स्मार्ट और सुरक्षित डिजिटल मनी उपयोगकर्ता बनने में मदद करेंगे।

खोजें: डिजिटल भुगतान क्या हैं? डिजिटल भुगतान इलेक्ट्रॉनिक रूप से पैसे का भुगतान करने या प्राप्त करने की प्रक्रिया है—इसमें नकद या चेक शामिल नहीं होते। भारत में सामान्य डिजिटल भुगतान विधियाँ:

विधि	**विवरण**
UPI	यूनिफाइड पेमेंट्स इंटरफ़ेस – Google Pay, PhonePe, Paytm जैसे ऐप्स के माध्यम से तत्काल स्थानान्तरण
डेबिट/क्रेडिट कार्ड	ऑनलाइन या POS खरीद के लिए बैंक कार्ड
मोबाइल वॉलेट	पैसे स्टोर करने वाले ऐप्स – Paytm, Amazon Pay, आदि
नेट बैंकिंग	वेबसाइटों या ऐप्स के माध्यम से बैंकिंग
QR कोड	दुकानों में लोकप्रिय स्कैन-एंड-पे विधि

भारत वास्तविक समय के डिजिटल भुगतानों में विश्व स्तर पर अग्रणी है (UPI के कारण)।

किशोरों के लिए डिजिटल भुगतान क्यों महत्वपूर्ण हैं?

- **सुविधा** – अपने फोन से भुगतान करें, रिचार्ज करें या ख़रीदारी करें
- **ट्रैकेबिलिटी** – लेनदेन का स्वचालित रिकॉर्ड
- **वित्तीय स्वतंत्रता** – छोटी ख़रीदारी का प्रबंधन करना सीखें
- **भविष्य की तैयारी** – करियर, शिक्षा और यात्रा में डिजिटल ही सामान्य है

दूसरा पहलू – आपके जानने योग्य जोखिम

जोखिम	उदाहरण
घोटाले और धोखाधड़ी	नकली कॉल, लिंक, या ऐप्स द्वारा पैसे की चोरी
डेटा चोरी	असुरक्षित ऐप्स से व्यक्तिगत जानकारी हैक होना
अधिक खर्च	आसान टैप-टू-पे आवेगी खरीदारी की ओर ले जाता है
गोपनीयता के मुद्दे	आवश्यकता से अधिक डेटा एकत्र करने वाले ऐप्स

किशोरों के लिए स्मार्ट डिजिटल भुगतान युक्तियाँ ✓ केवल विश्वसनीय एप्स का उपयोग करें सत्यापित UPI एप का ही उपयोग करें,

जैसे:

- Google Pay
- PhonePe
- Paytm
- BHIM

सोशल मीडिया या SMS से यादृच्छिक भुगतान ऐप्स इंस्टॉल करने से बचें।

✓ ऐप लॉक और पासवर्ड सेट करें

- वित्तीय ऐप्स पर एप लॉक का उपयोग करें
- मज़बूत पासवर्ड सेट करें (आपका नाम/जन्मदिन नहीं)
- 2-कारक प्रमाणीकरण (2FA) सक्षम करें

✓ कभी भी OTP या UPI PIN साझा न करें

• दोस्तों या अजनबियों के साथ भी नहीं जो "बैंक अधिकारी" होने का दावा करते हैं

• कोई भी वास्तविक बैंक कभी भी आपका OTP या PIN नहीं मांगता

✓ QR कोड ध्यान से स्कैन करें

• केवल विश्वसनीय दुकानों या वेबसाइटों से QR कोड स्कैन करें

• UPI IDs की वर्तनी जांचें—धोखेबाज अक्सर छोटे बदलावों का उपयोग करते हैं (जैसे @paytmm बनाम @paytm)

✓सभी लेनदेन ट्रैक करें नियमित रूप से अपने लेनदेन इतिहास की जाँच करें। यदि कुछ ग़लत लगता है, तो तुरंत रिपोर्ट करें।

साइबर स्वच्छता चेकलिस्ट

आदत	क्या आप इसका पालन करते हैं?
केवल Google Play/App Store से ऐप्स का उपयोग करें	✓ / ✗
अपने फोन को PIN या फिंगरप्रिंट से लॉक करें	✓ / ✗
ऐप्स को नियमित रूप से अपडेट करें	✓ / ✗
बैंकिंग के लिए सार्वजनिक Wi-Fi से बचें	✓ / ✗
संदिग्ध लिंक पर कभी क्लिक न करें	✓ / ✗

आपके पास कितने ✓ हैं?

इसे आज़माएँ

घोटाले की गतिविधि को पहचानें इनमें से कौन सा घोटाला है?
A) एक संदेश कहता है कि आपने ₹10,000 जीते हैं और एक लिंक पर क्लिक करने के लिए कहता है।
B) आपका UPI एप पैसे भेजने से पहले आपका PIN मांगता है।
C) आपको किसी ऐसे व्यक्ति का कॉल आता है जो RBI से होने का दावा करता है और आपका आधार नंबर मांगता है।

✓ **उत्तर:** A और C घोटाले हैं। RBI कभी भी व्यक्तियों को कॉल नहीं करता है।

वास्तविक किशोर कहानी रोहन, 17 (मुंबई):

"मैंने एक बार इंस्टाग्राम विज्ञापन के माध्यम से हेडफोन खरीदने की कोशिश की थी। मैंने UPI के माध्यम से भुगतान किया, लेकिन विक्रेता गायब हो गया।
अब, मैं केवल विश्वसनीय वेबसाइटों से ख़रीदता हूँ और यादृच्छिक भुगतान लिंक से बचता हूँ।"

सोचें और चिंतन करें

• क्या आपने कभी किसी संदिग्ध लिंक पर क्लिक किया है या एक OTP साझा किया है?
• यदि आपका दोस्त आपकी UPI ID का उपयोग करने के लिए कहता है तो आप क्या करते हैं?
• क्या आप ऑनलाइन पैसे को सुरक्षित रूप से संभालने के लिए तैयार हैं?

आइए दोहराएं – मुख्य बातें

- डिजिटल भुगतान में **UPI, वॉलेट, डेबिट कार्ड** और बहुत कुछ शामिल हैं।
- भारत वास्तविक समय के डिजिटल लेनदेन में अग्रणी है।
- सुविधा के साथ धोखाधड़ी और घोटालों का जोखिम आता है।
- किशोरों को केवल विश्वसनीय एप्स का उपयोग करना चाहिए और सुरक्षा युक्तियों का पालन करना चाहिए।
- कभी भी अपना **OTP, PIN, या बैंक जानकारी** साझा न करें।
- वित्तीय सुरक्षा के लिए साइबर स्वच्छता का अभ्यास करना महत्वपूर्ण है।

ख़ुद को जांचें – क्विज

1. UPI का क्या अर्थ है?
a) यूनिफाइड पेमेंट इंटरफ़ेस
b) अनलिमिटेड पेमेंट इंटरनेट
c) यूनिक प्राइवेट आइडेंटिटी
✓ **उत्तर**: a)

2. यदि कोई आपसे आपका OTP मांगता है तो आपको क्या करना चाहिए?
a) यदि वे कहते हैं कि वे बैंक से हैं तो उन्हें दें
b) ना कहें और नंबर की रिपोर्ट करें
c) इसे अपने दोस्त के साथ साझा करें
✓ **उत्तर:** b)

3. **सही या ग़लत:**
बैंकिंग के लिए सार्वजनिक Wi-Fi का उपयोग करना सुरक्षित है।
✓ **उत्तर:** ग़लत

4. इनमें से कौन सा डिजिटल भुगतान विधि नहीं है?

a) क्रेडिट कार्ड

b) QR कोड

c) चेक

✓ **उत्तर:** c)

किताब से परे – और संसाधन वेबसाइटें और एप्स

• **www.cybercrime.gov.in** – डिजिटल धोखाधड़ी की रिपोर्ट करें

• **RBI का डिजिटल साक्षरता साइट**

• **ruecaller ऐप** – स्पैम कॉल करने वालों की पहचान करें

यूट्यूब

• किशोरों के लिए साइबर सुरक्षा युक्तियाँ – राष्ट्रीय साइबर सुरक्षा

• RBI की UPI सुरक्षा समझाई गई

पुस्तकें

• बच्चों और किशोरों के लिए इंटरनेट सुरक्षा

• किशोरों के लिए डिजिटल जीवन के लिए मार्गदर्शिका

TED वार्ता

• एक हैकर को कैसे मात दें – केरेन इलाज़ारी

• डिजिटल भुगतान का भविष्य – नंदन नीलेकणि

अंतिम शब्द

इंटरनेट ने धन प्रबंधन को आसान बना दिया है—लेकिन जोखिम भरा भी। एक किशोर के रूप में, आप धोखाधड़ी के लिए एक प्रमुख लक्ष्य हैं—लेकिन आपके पास ख़ुद को बचाने की शक्ति भी है।

डिजिटल भुगतान के साथ स्मार्ट होना डर के बारे में नहीं है—यह स्वतंत्रता और आत्मविश्वास के बारे में है। सतर्क रहें। सुरक्षित रहें। स्मार्ट रहें।

अध्याय 12

निष्क्रिय आय और उद्यमिता

की मूल बातें बनाना

आप सोते हुए कमाएँ – स्मार्ट तरीके से पैसा कमाने के लिए किशोर गाइड

ईशान को गेमिंग बहुत पसंद है। वह YouTube पर वीडियो स्ट्रीम करता है और विज्ञापनों से हर महीने ₹1,000 कमाता है। उसकी दोस्त मेहर इंस्टाग्राम पर हस्तनिर्मित गहने बेचती है। दोनों हाई स्कूल में हैं—और दोनों सीखते हुए कमा रहे हैं।

निष्क्रिय आय और टीनप्रेन्योरशिप की दुनिया में आपका स्वागत है—जहां आपके विचार, शौक और रचनात्मकता पैसे कमाने वाले बन सकते हैं। आपको डिग्री या ऑफिस की ज़रूरत नहीं है। आपको एक मानसिकता, कौशल और थोड़ी सी लगन की ज़रूरत है।

खोजें: निष्क्रिय आय क्या है? निष्क्रिय आय वह पैसा है जो आप बिना हर समय काम किए कमाते हैं। यह अंशकालिक नौकरी से अलग है, जहां आप तभी कमाते हैं जब आप काम करते हैं। इसे एक पेड़ की तरह समझें: आप बीज (प्रयास) लगाते हैं, उसे पानी देते हैं (समय), और बाद में यह आपको फल (आय) देता है, भले ही आप उस पर हर दिन काम न कर रहे हों।

किशोरों के लिए सामान्य निष्क्रिय आय स्रोत:

स्रोत	विवरण
YouTube चैनल	वीडियो बनाएं, विज्ञापनों से कमाएं
ब्लॉगिंग या लेखन	विज्ञापनों या संबद्ध लिंक के माध्यम से मुद्रीकरण करें
प्रिंट-ऑन-डिमांड	ऑनलाइन टी-शर्ट, मग डिज़ाइन करें और प्रति बिक्री कमाएं
ई-बुक्स	कहानियाँ, नोट्स, या गाइड लिखें और बेचें
स्टॉक फोटोग्राफी	तस्वीरें अपलोड करें और रॉयल्टी कमाएं
डिजिटल उत्पाद	टेम्प्लेट, प्लानर, कला, संगीत बेचें
ट्यूशन ऐप्स	पाठ रिकॉर्ड करें और प्रति दृश्य कमाएं

टीन उद्यमिता क्या है? उद्यमिता का अर्थ है अपने कौशल, जुनून, या किसी समस्या के समाधान का उपयोग करके एक छोटा व्यवसाय या सेवा शुरू करना।
किशोर उद्यमी (या टीनप्रेन्योर!) स्कूल में रहते हुए भी वास्तविक व्यवसाय—ऑनलाइन या ऑफलाइन—बनाते हैं।

जल्दी क्यों शुरू करें?

- आपके पास प्रयोग करने के लिए अधिक समय होता है
- आप वास्तविक दुनिया के पैसे और जीवन कौशल सीखते हैं

• असफलताएं सबक होती हैं, आपदाएं नहीं
• आप आत्मविश्वास, स्वतंत्रता और एक पोर्टफोलियो बनाते हैं

छात्रों के लिए स्टार्टअप विचार

श्रेणी	विचार
कौशल-आधारित	ग्राफिक डिज़ाइन, कोडिंग, ट्यूशन, फोटोग्राफी
उत्पाद-आधारित	हस्तनिर्मित शिल्प, घर में बनी चीज़ें, कला प्रिंट
सेवा-आधारित	पालतू जानवरों को घुमाना, बायोडाटा लेखन, पॉडकास्ट संपादन
डिजिटल	ऐप्स बनाएं, वेबसाइटें डिज़ाइन करें, सोशल मीडिया प्रबंधित करें
शैक्षिक	अपने क्लास नोट्स या टेस्ट प्रेप गाइड बेचें

कुछ ऐसा चुनें जिसके प्रति आप जुनूनी हों + जिसकी बाज़ार में आवश्यकता हो।

इसे आज़माएँ

अपना पहला माइक्रो-स्टार्टअप शुरू करें चरण 1: अपने विचार पर विचार करें
• आपके कौशल या रुचियां क्या हैं?
• लोग अक्सर आपसे किस चीज़ में मदद मांगते हैं?

चरण 2: इसे मान्य करें
• दोस्तों, परिवार, या सहपाठियों से पूछें: "क्या आप इसके लिए भुगतान करेंगे?"

चरण 3: इसे नाम दें और एक लक्ष्य निर्धारित करें
• मज़ेदार नाम, लोगो, सरल व्यवसाय योजना
• तय करें कि आप कितना समय और पैसा लगाएंगे

चरण 4: लाइव हों
• इंस्टाग्राम, गूगल फॉर्म, या व्हाट्सएप सेट करें
• छोटा शुरू करें, प्रतिक्रिया प्राप्त करें, सुधार करें

चरण 5: ट्रैक और सीखें
• बिक्री ट्रैकर या जर्नल बनाए रखें
• अपनी जीत का जश्न मनाएं, अपनी विफलताओं से सीखें

सोचें और चिंतन करें

• आपकी कौन सी एक शौक पैसे कमा सकती है?
• आप स्कूल और साइड हसल को कैसे संतुलित करेंगे?
• अपना कुछ शुरू करने के बारे में आपको क्या डराता है?

"महान होने के लिए आपको शुरुआत करने की ज़रूरत नहीं है। लेकिन महान होने के लिए आपको शुरुआत करनी होगी।" – जिग जिगलर

अपने विचारों और काम की सुरक्षा जैसे-जैसे आप डिजिटल होते हैं, हमेशा:
• अपने मूल डिज़ाइनों का कॉपीराइट करें
• फ़ोटो/कला में वॉटरमार्क जोड़ें
• कभी भी पूरी व्यक्तिगत जानकारी ऑनलाइन साझा न करें
• व्यक्तिगत बैंक विवरण के बजाय भुगतान गेटवे (जैसे रेज़रपे या इंस्टामोजो) का उपयोग करें

आइए दोहराएं – मुख्य बातें

- **निष्क्रिय आय** = पैसा जो आप सोते हुए भी कमाते हैं
- किशोर सामग्री, सेवाओं, या डिजिटल उत्पादों से शुरुआत कर सकते हैं
- **उद्यमिता** रचनात्मक रूप से समस्याओं को हल करने के बारे में है
- छोटा शुरू करें, तेज़ी से विफल हों, बड़ा सीखें
- अपनी डिजिटल पहचान और बौद्धिक संपदा की रक्षा करें

ख़ुद को जांचें – क्विज

1. निष्क्रिय आय क्या है?

a) पूर्णकालिक काम से आय

b) कम चल रहे प्रयास से अर्जित धन

c) स्कूल छात्रवृत्ति से पैसा

✓ **उत्तर**: b)

2. इनमें से कौन सा निष्क्रिय आय स्रोत नहीं है?

a) नौकरी से वेतन

b) अपनी ई-बुक ऑनलाइन बेचना

c) YouTube विज्ञापन आय

✓ **उत्तर:** a)

3. सही या ग़लत:

व्यवसाय शुरू करने के लिए आपकी उम्र 18+ होनी चाहिए।

✓ **उत्तर:** ग़लत

4. हस्तनिर्मित शिल्प बेचने के लिए कौन सा मंच सबसे अच्छा है?

a) लिंक्डइन

b) इंस्टाग्राम या Etsy

c) गूगल डॉक्स
✓ **उत्तर:** b)

किताब से परे – संसाधन वेबसाइटें

• **टीन बिजनेस गाइड** – www.bizkids.com
• **रेज़रपे** – छोटे व्यवसायों के लिए भुगतान गेटवे
• **मीशो** – घर से उत्पादों को फिर से बेचना

ऐप्स
• **कैनवा** (लोगो/पोस्टर बनाने के लिए)
• **इनशॉट (**वीडियो संपादन)
• **शॉपिफाई** (अपना स्टोर शुरू करें)
• **ट्रेलो या नोटियन** (व्यवसाय योजना)

प्रेरणा
• **किडप्रेन्योर्स** बाय एडम टॉरेन (पुस्तक)
• **यूट्यूब:** टीन एंटरप्रेन्योर्स ऑफ इंडिया सीरीज़
• **इंस्टाग्राम:** @Funngro को फॉलो करें (किशोर कमाई मंच)

TED वार्ता
• **व्हाट एडल्ट्स कैन लर्न फ्रॉम किड्स** – एडोरा स्वितक
• **स्टार्टिंग अ बिज़नेस एट एज 14** – माया पेन

अंतिम शब्द

आप कमाने या बनाने के लिए "बहुत छोटे" नहीं हैं। चाहे वह बुकमार्क डिज़ाइन करना हो या रील संपादित करना हो, आपका कौशल + कार्रवाई = शक्ति। **आपके विचार से आपका पहला रुपया जीवन बदलने**

वाली यात्रा की शुरुआत है। तो आगे बढ़ो—सपना देखो, उसे परखो, उसे बनाओ। आपकी जेब खर्च ही एकमात्र पैसा नहीं है जो आप कमा सकते हैं।

सारांश

"स्मार्ट टीन की स्मार्ट मनी गाइड" किशोरों (कक्षा 9-12) को वित्तीय रूप से आत्मविश्वासी बनने में मदद करने के लिए एक पूर्ण संसाधन है। वास्तविक जीवन की कहानियों, गतिविधियों और व्यवहारिक उदाहरणों के माध्यम से, पाठक सीखते हैं कि पैसे को बुद्धिमानी से कैसे कमाना, बचाना, बजट बनाना और निवेश करना है। यह पुस्तक धन प्रबंधन की मूल बातें से शुरू होती है और धीरे-धीरे निवेश, ऋण, क्रेडिट कार्ड, डिजिटल सुरक्षा और उद्यमिता जैसी अधिक जटिल अवधारणाओं को पेश करती है। प्रत्येक अध्याय चिंतनशील प्रश्नों, क्विज़ और वास्तविक दुनिया के उपकरणों के साथ समाप्त होता है।

अंत तक, छात्र इसमें सक्षम होंगे:

- एक व्यक्तिगत बजट बनाएं
- वित्तीय लक्ष्य निर्धारित करें
- शिक्षा और भविष्य की ज़रूरतों के लिए बचत करें
- सामान्य धन के जाल से बचें
- एक छोटा व्यवसाय या निष्क्रिय आय विचार लॉन्च करें
- अपनी ख़ुद की धन योजना बनाएं

शब्दावली (चयनित शर्तें)

• **बजट (Budget)** – पैसे कमाने और खर्च करने की योजना।

• **चक्रवृद्धि ब्याज (Compound Interest)** – मूल राशि और पहले से अर्जित ब्याज दोनों पर ब्याज अर्जित करना।

• **क्रेडिट स्कोर (Credit Score) –** एक संख्या जो दर्शाती है कि आप उधार लेने और पैसे चुकाने में कितने अच्छे हैं।

• **ऋण (Debt)** – वह पैसा जो आप किसी और के लिए ऋणी हैं।

• **आपातकालीन निधि (Emergency Fund)** – अप्रत्याशित खर्चों के लिए अलग रखी गई बचत।

• **निवेश (Investment)** – समय के साथ इसे बढ़ाने के लिए किसी चीज़ (जैसे स्टॉक या म्यूचुअल फंड) में पैसा लगाना।

• **निष्क्रिय आय (Passive Income)** – कम चल रहे प्रयास से अर्जित आय, जैसे YouTube राजस्व या डिजिटल उत्पादों की बिक्री।

• **SIP (सिस्टमेटिक इन्वेस्टमेंट प्लान) (SIP - Systematic Investment Plan)** – म्यूचुअल फंड में नियमित रूप से छोटी मात्रा में निवेश करने का एक तरीका।

• **UPI (यूनिफाइड पेमेंट्स इंटरफ़ेस) (UPI - Unified Payments Interface)** – भारत में एक डिजिटल प्रणाली जो आपको मोबाइल एप्स का उपयोग करके तुरंत पैसे भेजने और प्राप्त करने देती है।